HÉLIO TATSUO
FUNDADOR DO GRUPO HOKEN

VOCÊ NASCEU PARA VENDER MUITO

COMO REPROGRAMAR A SUA MENTE PARA A PROSPERIDADE E CONQUISTAR O SIM DE SEUS CLIENTES

Diretora
Rosely Boschini

Gerente Editorial
Carolina Rocha

Assistente Editorial
Natália Mori Marques

Controle de Produção
Karina Groschitz

Preparação
Leonardo do Carmo

Capa
Sergio Rossi

Projeto Gráfico e Diagramação
Vanessa Lima

Revisão
Beluga Editorial

Impressão
Gráfica Assahi

Copyright © 2017 by Hélio Tatsuo Yostsui
Todos os direitos desta edição
são reservados à Editora Gente.
Rua Wisard, 305, sala 53
São Paulo, SP – CEP 05434-080
Telefone: (11) 3670-2500
Site: www.editoragente.com.br
E-mail: gente@editoragente.com.br

Dados Internacionais de Catálogo na Publicação (CIP)
Angélica Ilacqua CRB-8/7057

Yostsui, Hélio Tatsuo
    Você nasceu para vender muito: como reprogramar a sua mente para a prosperidade e conquistar o sim de seus clientes / Hélio Tatsuo Yostsui. - São Paulo : Editora Gente, 2017.
    208 p.

ISBN 978-85-452-0218-9

1. Sucesso nos negócios 2. Vendas 3. Vendedores 4. Yostsui, Hélio Tatsuo, 1969- Biografia I. Título

17-1802   CDD 650.1

Índices para catálogo sistemático:
1. Sucesso nos negócios 650.1

DEDICATÓRIA

Dedico este livro a todas as pessoas que não tiveram oportunidades e enfrentam grandes desafios. Espero que este livro seja o primeiro passo para uma vida de prosperidade.

AGRADECIMENTOS

Escrever um livro sobre vendas, para mim, significa retribuir um pouco do muito que recebi da vida. Por isso o desafio aqui é agradecer a tantas pessoas que foram importantes nessa jornada, com certo receio de esquecer algumas.

Em primeiro lugar, quero agradecer aos meus pais, que serviram de inspiração e moldaram meus valores. Aos meus queridos irmãos, Roger e Luciana, que sempre me acompanharam e deram apoio incondicional.

Em especial, quero agradecer à Regina, minha esposa, e aos meus filhos Ricardo, Renato e Rafael, que estiveram ao meu lado o tempo todo, mesmo nos momentos mais difíceis da minha vida. Tenho consciência de que errei em algumas decisões, mas eles se mantiveram confiantes em mim, integralmente.

Hoje, ao olhar para trás, sei que gostaria de ter passado mais tempo com meus filhos, pois parece que eles cresceram rápido demais. Meus filhos têm muito orgulho do que faço e isso agradeço em especial a Regina, por seu suporte incessante. Sem a ajuda da minha esposa, estaria contando uma narrativa diferente.

Quero agradecer aos meus funcionários e parceiros, que me acompanham desde longa data, alguns há 10, 15 ou mais de 20 anos. Sem eles, eu não teria história para contar.

Também quero agradecer ao meu amigo Edson Gatto, que me ajudou a organizar o conteúdo desta obra e foi a pessoa que mais me incentivou a escrever.

Meus agradecimentos ainda ao casal senhor Yoshikazu Murakami e senhora Kotoji Murakami. No começo de minha carreira em vendas, eles não me deixaram desistir apesar do meu fraco desempenho. Sem eles esta trajetória simplesmente não existiria.

Quero agradecer ao senhor Hisashi Kadomoto, que foi o meu primeiro investidor-anjo, a pessoa que me deu a oportunidade de dar um novo salto em minha carreira profissional, tornando-me assim um empresário.

Aproveito para agradecer a todo o time da Editora Gente.

Gostaria de mencionar ainda os nomes de muitas pessoas, mas, sem dúvida, seria uma lista muito longa.

Alguns acreditam que a sorte existe e eu faço parte desse time. Tive a sorte de encontrar no meu percurso pessoas maravilhosas que me ensinaram o caminho para o sucesso nesta profissão.

Meus agradecimentos aos milhares de clientes que me receberam pessoalmente em suas casas me dando, assim, a oportunidade de apresentar os produtos ou serviços que eu estava vendendo.

Por fim, agradeço a você, leitor, pela confiança em escolher este livro como seu companheiro. Que ele possa ajudá-lo na busca de seus objetivos.

A todos vocês, meu muito obrigado.

PREFÁCIO

HISTÓRIA DE UM VENDEDOR QUE VIROU EMPRESÁRIO BEM-SUCEDIDO

A leitura deste livro é uma boa oportunidade de aprender lições de vendas e sorver os ensinamentos de como um simples filho de imigrante japonês, pobre, veio tornar-se um "homem rico".

Conheci o Hélio, o japonês de São José do Rio Preto, ainda no século passado num Spa em Gramado – Rio Grande do Sul. Desde então, nunca perdemos contato através de telefonemas e mesmo visitas presenciais.

O livro que hoje tenho a honra de prefaciar não é apenas "como vender", mas aborda um pouco de sua biografia com conselhos, exemplos e uma dose boa de autoajuda.

Uma das principais posições em uma organização é a de vendedor, ele é responsável pelo êxito da empresa, somadas a outras performances positivas da mesma. O nosso escritor retrata muito bem neste livro que o vendedor não nasce pronto, ele se constrói.

Vejamos sua trajetória: perdeu a mãe aos 10 anos, com dois irmãos ainda mais novos; trabalhou até aos 20 anos como feirante, "limpador de peixe" e não vendedor, em um horário verdadeiramente desumano, de uma hora da madrugada ao meio dia o que lhe tolheu a oportunidade de avançar em seus estudos, fazendo apenas o grau médio incompleto aos 15 anos. Superou a falta dos ensinamentos escolares lendo tudo que caía em suas mãos e aproximando-se de pessoas que pudessem acrescentar algo em seu desenvolvimento pessoal. Tornou-se um autodidata.

Desde cedo, o pequeno Hélio dizia a sua mãe que "queria ser rico", pois em sua cabeça de criança "ser rico" era sinônimo de pessoa bem-sucedida e querida por todos. Hoje seu conceito de riqueza está resumido em: saúde física, espiritual, familiar, social e financeira.

Vocês leitores vão se deliciar nas páginas deste livro com as histórias de Hélio, como a que narra sua primeira venda, ou a dos desafios de seu primeiro emprego, limpador de peixe na feira, quando o odor deixado em seu corpo espantava a proximidade com as pessoas. Imaginem...

Neste livro ele nos passa quais as ferramentas que um vendedor precisa para ser bem-sucedido:

- As quatro regras de comunicação,
- Momento de reflexão,
- Processo lógico de vendas,
- Processo AIDA,
- As 10 etapas do processo de vendas e dicas para aplicá-las com as técnicas de vendas.

Em resumo, Hélio mostra neste livro que nascer pobre, perder a mãe e não ter tido oportunidade de estudar não foram empecilhos suficientes para impedi-lo de subir na vida. Uma pessoa pode ter uma infância triste e mesmo assim ser muito feliz na maturidade. O livro, que é o retrato de sua vida, dá todas as dicas de como proceder para ser uma pessoa vitoriosa, em suma: ser rica no verdadeiro significado da palavra.

Luiz Alberto Garcia

Presidente do Conselho de Administração da Algar

SUMÁRIO

10 — INTRODUÇÃO

16 — CAPÍTULO 1 NADANDO CONTRA A CORRENTE

26 — CAPÍTULO 2 OS LADRÕES DE SONHOS

42 — CAPÍTULO 3 A INSPIRAÇÃO NECESSÁRIA

66 — CAPÍTULO 4 PREPARANDO-SE PARA VENDER

84 — CAPÍTULO 5 A LÓGICA DO PROCESSO DE VENDA

112 — CAPÍTULO 6 O FECHAMENTO DA VENDA É UMA ARTE

136 — CAPÍTULO 7 O CLIENTE SATISFEITO

158 — CAPÍTULO 8 GESTÃO DE VENDAS

176 — CAPÍTULO 9 MUDE A MENTALIDADE E INSPIRE NOVOS LÍDERES

194 — CAPÍTULO 10 RADIOGRAFIA DO SUCESSO

INTRODUÇÃO

Era para ser só mais uma folha de jornal velha, algo quase sem utilidade, de semanas anteriores, entre tantas outras colocadas naquele cantinho da barraca de feira. Daquelas que o peixeiro pega apressado para embalar o peixe escolhido pelo cliente. Por algum motivo, porém, naquele dia, eu parei para ler aquele anúncio de emprego antes de usar o papel como fazia rotineiramente. Foi o ponto de partida para uma guinada profissional que me transformou no empreendedor que sou hoje. E que me fez, aos 20 anos, trocar a vida naquela barraca pela carreira de homem de vendas da qual tanto me orgulho.

Aquele ato também foi o responsável por me transformar no empresário, palestrante e treinador que já ajudou milhares de vendedores a fazerem o seu trabalho com mais habilidade e técnica. Nos últimos 25 anos, realizei mais de 10 mil demonstrações de vendas, entre negociações finalizadas (artigos vendidos) e abordagens junto a clientes, um a um, com a apresentação dos produtos que tinha a oferecer.

Em 30 de setembro de 1997, fundei o Grupo Hoken, que inclui a Hoken International Company (uma fábrica de aparelhos para tratamento de água), a Hai Franchising (licenciadora das marcas do grupo), o HK Club (um programa de afiliados) e uma empresa de treinamentos chamada Tatsuo Academy.

Com atuação em todo o Brasil, o grupo opera em mercados como a América Latina, a Europa e a Ásia. Ao todo, são centenas de franqueados e milhões de clientes em carteira, sendo seu principal negócio a locação de filtros de água. É

uma das maiores redes de franquias do país, segundo levantamento da Associação Brasileira de Franquias (ABF)[1]. Como você verá ao longo de sua leitura, minha jornada até aqui envolveu a descoberta do potencial que havia dentro de mim mesmo e, obviamente, o desenvolvimento da maior habilidade para aqueles que querem alcançar a prosperidade: a arte de vender.

A escolha do produto a ser fabricado ajudou. Para mim, o filtro doméstico é imprescindível em uma casa, pois a água que as pessoas consomem está diretamente ligada à saúde e ao bem-estar de cada um.

Faz parte das minhas convicções como empreendedor: oferecer soluções que promovem benefício integrado às maiores necessidades das pessoas. E da prosperidade que eu busco desde criança. Através das nossas relações e, principalmente, dos nossos pensamentos somos capazes de colocar energia no que realmente importa para nossa felicidade e a realização dos nossos sonhos.

Nasci em Cardoso, no interior paulista, sou casado e tenho três filhos. Apaixonado pela missão de ministrar cursos sobre vendas, desenvolvimento pessoal e gestão de negócios, sou focado no crescimento pessoal e profissional, sobre o qual tenho me debruçado em meus estudos e palestras.

Na infância, quando minha mãe me perguntava que profissão seguiria no futuro (o sonho dela era que eu fosse engenheiro), eu só tinha uma resposta: ser rico. Es-

---

1 LAM, Camila. As 25 maiores redes de franquias do Brasil, segundo a ABF. *Exame*. 13 de setembro de 2016. Disponível em: <http://exame.abril.com.br/pme/as-25-maiores-redes-de-franquias-do-brasil-segundo-a-abf>. Acesso em: 26 jun. 2017.

12   VOCÊ NASCEU PARA VENDER MUITO

pantada, ela insistia comigo que ser rico não era uma profissão, o que só reforçava em mim a vontade de um dia ter uma conta bancária recheada. Principalmente para não mais passar por privações como não ganhar uma bicicleta no Natal.

Umas das coisas que mais me incomodavam nesta fase era, por falta de opções, me ver obrigado a vestir as marcas de tênis mais populares usadas pelas crianças nos anos 1970 e 1980. Basicamente feitos de plástico para custarem pouco, alguns desses calçados imitavam uma chuteira e eram fabricados apenas na cor preta. Eram feios! Também me irritavam bastante por serem desconfortáveis e, principalmente, deixarem os pés com chulé. Eram indicadores de uma família de baixa renda.

Assim, ser rico era uma ideia fixa. Quando minha mãe me contou que existia uma fada do dente e que ela atendia aos pedidos das crianças que jogavam seus dentes de leite no telhado, não pensei duas vezes. Todos os dentes que caíam eu arremessava para cima de casa e pedia: "Quero enriquecer".

Décadas depois, a tal fada demonstrou ter entendido bem a mensagem. Principalmente por ter me dado a noção de que a felicidade extrapola o número de zeros contidos no extrato bancário, vai além do puro e simples ato de ganhar dinheiro.

Atualmente, prosperidade é, para mim, um conceito que envolve aquilo que chamo de *cinco saúdes*: saúde física, espiritual, familiar, social e financeira. Dessa forma, a reflexão que fica é a da busca pelo equilíbrio em todas as esferas da vida, com a evolução ao longo do tempo e o aprendizado que é fruto das experiências acumuladas.

TALENTO COM PEIXES E VENDAS

Quando o assunto é aprendizado, tenho bastante orgulho de dizer que aquilo que eu realmente sei fazer muito bem é limpar peixe. Depois disso, minha maior habilidade é vender.

Um talento que fui aprimorando desde os meus tempos de feira. Após estruturar a minha empresa, produzi um sem-número de material de treinamento de vendas, incluindo vídeos, apostilas, dinâmicas, manuais, scripts, apresentações, *workshops* e cursos. Porém, faltava a sistematização do conteúdo – o principal objetivo deste livro.

Para mim, é um prazer e uma meta de vida compartilhar com o maior número de pessoas toda a vivência adquirida, somada ao aprendizado que veio dos meus mestres.

Por ter deixado a escola aos 15 anos para me dedicar ao trabalho (nos tempos de feirante, pegava no batente à 1 hora da manhã e encerrava o expediente às 15 horas, de terça a domingo, independentemente de frio, chuva ou de não estar me sentindo bem), sempre busquei compensar essa lacuna no meu desenvolvimento com muita leitura e aplicação prática daquilo que eu aprendia nos livros.

Nas empresas pelas quais passei, sempre fui o líder de vendas. Minhas equipes eram as maiores e mais fortes. Um talento que foi tomando corpo a cada nova experiência. Pois, para alavancar a minha vida, tive de aprender a ser mais flexível, negociar, reagir rapidamente diante de adversidades, improvisar e colocar o cliente no centro das minhas ações.

QUEM NÃO ACREDITA NÃO PROSPERA

Tal trajetória me deu a capacidade de identificar o perfil do vencedor no profissional encarregado de vender. É preciso ter vontade. Para mim, a verdadeira luta do pequeno empreendedor não é com o mercado, o produto a ser vendido ou a concorrência, mas com ele mesmo, com a fé na própria ideia. Quem não acredita no próprio negócio não prospera. Simples assim. Exatamente aquela noção de que, em situações de crise, alguns se acovardam e outros veem uma oportunidade.

14 VOCÊ NASCEU PARA VENDER MUITO

Nessa linha, sucesso é uma questão de vontade, ação e dedicação. Depende da nossa atitude diante das situações, da forma como direcionamos os nossos pensamentos e nos comportamos perante os fatos.

Tendo clara a noção de que a vida é um resumo de problemas, uma sequência de tentativas de solução de conflitos, é preciso aderir à opção de acreditar. Como costumo dizer em minhas palestras e vídeos divulgados nas redes sociais: se você, empreendedor, profissional de vendas, tiver dúvidas, maior será a dúvida do universo quanto ao desempenho do seu negócio. Quem pensa que vai fracassar de fato fracassa. Por outro lado, quem semeia com convicção de uma boa colheita tem grandes possibilidades de recebê-la.

Mais do que isso: além do próprio exemplo, é preciso ensinar as pessoas ao nosso redor a se comportarem de forma condizente com o ato de vender. Não existe regra de liderança mais importante do que ser o maior exemplo para o seu time.

Nesse contexto, destaco o otimismo dos líderes e do clima corporativo da empresa como fator de motivação. E por que isso é importante? Porque os líderes que almejam o sucesso devem estar abertos a novos caminhos, a acreditar nas ideias e propostas de seus liderados. Quantos profissionais não deixam seus empregos porque sentem que ali não têm voz? Talvez até você mesmo já tenha se sentido assim. Quando a resposta para as iniciativas é sempre "não", isso desestimula as pessoas — além de reforçar o padrão mental da insuficiência, de que suas ideias não são relevantes.

Um estudo realizado nos EUA pelo pesquisador do comportamento humano Shad Helmstetter avaliou 15 mil crianças de 0 a 10 anos ao longo de uma década. De acordo com a pesquisa, elas ouviriam de trinta a setenta "nãos", em média, por dia. Eu questiono o impacto disso na formação dos pequenos e, consequentemente, dos profissionais. Não haveria uma maneira alternativa de educar? De estimular o aprendizado e os bons comportamentos diante de cada situação?

O mesmo vale para as equipes de trabalho. De vendas, principalmente. Tanto que, em meus grupos, não permito que líderes e vendedores falem de forma negativa. Um líder não pode adotar uma postura negativa diante dos seus liderados. A atitude de quem está no comando é a chave do sucesso.

Quem me acompanha sabe que eu nunca duvidei da força da atitude, do poder de superação. Tímido desde sempre, me superei por meio da prática e da técnica. Acho que, com essa atitude, consigo afastar qualquer traço de introspecção em quem me vê vendendo ou liderando equipes.

CRAQUES DE VENDAS

Por isso, acredito que qualquer um pode se transformar num craque das vendas. E luto para simplificar o debate em torno do tema, para ajudar o máximo de pessoas que puder nesse sentido.

Este livro é um bate-papo aberto e acessível com leitores dos mais variados perfis. É preciso ensinar as pessoas a vender (isto é, do ponto de vista técnico), desmistificar as vendas, melhorar as habilidades de comunicação. Vender é se relacionar, extrair o potencial de cada um, provocar, motivar transformações e escolhas.

Quero que sigamos juntos numa viagem de crescimento pessoal que começa agora e tem tudo para fazer a diferença na vida de quem de fato quiser avançar nesse campo. De quem quiser aprender a vender o próprio peixe, ou o que quer que seja – mas sempre com foco, vontade e determinação. Da mesma maneira determinada com a qual, um dia, esse peixeiro que lhe escreve saiu da feira para inspirar outros vendedores Brasil e mundo afora.

Boa leitura, sucesso sempre e boas vendas para todos nós!

Hélio Tatsuo

CAPÍTULO 1

NADANDO CONTRA A CORRENTE

Você alguma vez já se encarou no espelho e se perguntou, talvez até em voz alta: Como posso crescer de modo mais rápido e consistente?

Ou então se pegou distraído, por estar no trânsito, por exemplo, e refletiu: O que eu preciso fazer para alcançar minhas metas?

Muita gente traz dentro de si uma dúvida que parece simples, mas é vital para o sucesso pessoal e profissional: Como posso produzir mais e melhor?

Acredito que as respostas para todas essas perguntas possam ser alcançadas por meio do ato de vender. E aqui destaco que a venda não se limita a vender um produto. Também pode ser a venda de uma ideia, um conceito, um projeto, um serviço... ou seja, qualquer coisa na sua vida.

Muitas vezes, sentimos como se algo estivesse segurando nossos planos, tal qual uma âncora que não nos deixa avançar como desejamos, ou seja, em plenitude. Todos sabemos como a nossa vida nem sempre é do jeito que gostaríamos que fosse. As razões para isso são as mais diversas. A lista pode incluir falta de dinheiro, de conhecimento, de recursos, de pessoas que nos apoiem e estejam ao nosso lado – isso para ficarmos apenas em algumas questões importantes.

Com isso, você não consegue ter as vendas que deseja, e as oportunidades que enxerga parecem ficar mais distantes do seu alcance.

Se os tópicos levantados até aqui já o incomodaram em algum momento, o livro que está nas suas mãos provavelmente poderá ajudá-lo a despertar seu potencial interior, as qualidades que estão adormecidas e precisam ser resgatadas para o seu próprio desenvolvimento.

Ao longo da leitura, você conhecerá mais sobre mim, como me tornei um vendedor e construí uma trajetória profissional até me transformar em empresário. Tenho certeza de que, de alguma maneira, os fatos sobre a minha vida se conectarão com a sua. E meu desejo é que este livro seja para você uma inspiração e um passo a passo para transformar seus resultados, independentemente dos desafios que você tem de enfrentar.

O início da minha trilha, porém, teve raízes em uma adversidade familiar. Uma das maiores que já enfrentei e quando era ainda muito pequeno. Nasci em 1º de janeiro de 1969, na cidade de Cardoso (que atualmente tem pouco mais de 12 mil habitantes), no interior de São Paulo, há cerca de 60 quilômetros de São José do Rio Preto e 559 quilômetros da capital paulista. Quando eu tinha dois anos, porém, minha família se mudou para São Paulo e de lá, quando ainda era pequeno, fomos morar em São José dos Campos, no Vale do Paraíba, também no interior do Estado.

Pouco tempo depois, em 1978, minha mãe, Dalva, faleceu. Ela tinha, à época, apenas 33 anos, e havia sido diagnosticada com um câncer. Eu tinha apenas 9 anos e entendia muito pouco sobre o que realmente estava acontecendo, mas uma cena que jamais saiu da minha mente foi o que ocorreu somente 15 dias antes de ela morrer. Como que sabendo de seu destino, minha mãe reuniu forças para chamar os vizinhos, pois queria falar com cada um deles. Quando eles chegaram, ela foi dizendo: "Sei que vou morrer, por isso queria pedir para vocês ajudarem meu marido e meus filhos". Ela estava apreensiva com o que poderia acontecer conosco. Acredito que isso me marcou de tal maneira que se tornou um dos fatores que me impulsionaram a tomar uma atitude de protetor em relação à minha família. Afinal, eu era o filho mais velho. Nesta época, meu pai trabalhava como motorista de ônibus. Minha irmã estava com 8 anos e meu irmão caçula tinha 2.

Por conta disso, minha infância foi diferente, eu tive de amadurecer mais rápido para dar conta do que estava por vir. Com a perda da minha mãe, voltamos a morar na capital paulista, onde meu pai passou a trabalhar como feirante.

Se você já enfrentou algo parecido, como a perda de alguém importante, sabe bem como isso pode deixar marcas profundas e é capaz de alterar o rumo de nossas vidas.

Como não poderia ser diferente, a morte da minha mãe abalou a todos e alterou a nossa história. Foi um período muito difícil, pois mexeu muito com a rotina de nossa família. Na ocasião, meus tios, os irmãos do meu pai, chegaram a cogitar de cada um ficar com um dos filhos. A ideia seria cuidar de nós para que meu pai conseguisse tocar a vida dele.

Diante de grandes desafios, querido leitor e querida leitora, vemos como é importante estarmos cercados de pessoas que nos apoiem e ofereçam ajuda, como amigos ou familiares. No nosso caso, apesar de todas as dificuldades, meu pai sempre mostrou ser um grande homem e fez o que pôde para manter meus irmãos e eu junto a ele.

Uma vez em São Paulo, ele decidiu se casar novamente. Porém, este segundo casamento não deu certo e meu pai acabou se separando. Tenho a lembrança de que o relacionamento entre meu pai e minha madrasta era muito difícil, algo que muitas pessoas enfrentam. E eu sempre tive de me adaptar a tudo isso. Neste período, além dos problemas familiares, meu pai também não conseguia parar em emprego nenhum, situação que foi marcante para mim e para os meus irmãos.

Como primogênito de uma família de descendentes de japoneses, por tradição, comecei a trabalhar muito cedo: ainda com 10 anos. Diferentemente do que ocorre nos dias atuais, naquela época não havia o Estatuto da Criança e do Adolescente (ECA) e, assim, era considerado até algo normal uma criança nesta idade trabalhar para ajudar a família.

ACREDITO SER IMPORTANTE BUSCAR CONHECIMENTO DE TODAS AS FORMAS POSSÍVEIS.

Se você também começou a trabalhar precocemente, sabe que a infância passa a ter outro significado. Brincadeiras e jogos dão lugar a responsabilidades, tarefas e rotinas. Ao mesmo tempo em que isso é extenuante para alguém tão jovem, também costuma formar o caráter e, invariavelmente, criar impactos na sua trajetória pessoal e profissional.

HOJE É DIA DE FEIRA

Costumo sempre brincar que todo bom japonês é pasteleiro, quitandeiro ou feirante. E eu não podia ser diferente de nada disso. Assim, logo comecei a trabalhar numa feira livre, ajudando meu pai, que na época conseguiu emprego numa barraca de peixes. Por consequência, logo cedo passei a ganhar o meu próprio salário. Essa "independência" me marcou por eu ser ainda tão novo. No entanto, cada centavo que ganhava com o suor do meu trabalho era para ajudar a minha família.

Também é importante deixar claro que comecei a trabalhar assim tão cedo não por querer aquilo. Na verdade, eu não tive opção. Vi-me obrigado a fazer isso, como muitas pessoas com uma história similar. E como passávamos por muita necessidade e restrição, eu sempre tive muita vontade de vencer na vida. De ter meu dinheiro, mas de tê-lo para mim. Era o desejo de mudar de vida mesmo. Por este lado, então, foi bom este contato precoce com o trabalho e o dinheiro.

Imagino que muitas pessoas que estejam lendo estas páginas também compartilhem deste pensamento, possam ter vivido situações parecidas. Espero que a leitura deste livro lhe incentive a se aprimorar na arte de ser dono do próprio destino, de saber vender o seu peixe como eu aprendi a vender o meu.

Por ter sido obrigado pelas circunstâncias a trabalhar e ter ido parar numa barraca da feira, acabei não conseguindo estudar da maneira adequada durante muitos anos. Ainda fui capaz de conciliar o trabalho com os estudos por um

22 VOCÊ NASCEU PARA VENDER MUITO

tempo, mas, como a rotina na feira era muito pesada, chegou uma hora em que não aguentei mais. E, novamente, não vi outra opção: tive que abandonar os estudos. Infelizmente, estudei apenas até o primeiro ano do ensino médio, quando tinha 15 anos.

Se você também teve de deixar os estudos de forma prematura, lhe digo que acredito ser importante buscar conhecimento de todas as formas possíveis, seja em cursos, palestras, na leitura de bons livros etc. Sempre há alternativas.

Apesar do meu afastamento precoce dos bancos da escola, o desejo de continuar a me desenvolver não parou por ali. As minhas empresas oferecem diversos treinamentos, e neles eu costumo dizer o seguinte: não há males que não venham para o bem... Tudo se justifica no futuro! Você pode estar passando por uma situação muito difícil hoje. Mas você não sabe o que isso significará lá na frente. Quando olho para todas as dificuldades que passei, e foram inúmeras, sei o porquê de cada uma delas ter acontecido. Tudo se justificou. Assim é a vida.

Acho importante manter uma visão otimista diante dos desafios. Isso ajuda a enfrentar problemas grandes e a não se preocupar demais com os menores. Você certamente já se viu em meio a uma situação que julgou ser difícil ou até mesmo intransponível. O tempo, porém, mostra que diversas vezes você já superou desafios que antes pareciam impossíveis, e que eles serviram apenas para lhe fortalecer.

Ainda como empregado na feira, aos 19 anos, eu já queria encontrar outra coisa para fazer. Isso porque, na barraca, eu pensava: "Qual é o meu futuro?", "Como estarei daqui a dez anos? Ou daqui a vinte anos?". E concluía: no máximo, vou ser dono de uma barraca na feira. O que era muito melhor do que a condição em que eu estava naquela época. Mas não me identificava com aquilo, queria mais. Talvez você já tenha vivido uma situação bastante parecida. Estar numa empresa, num cargo, numa função e não se enxergar ali. Nessas horas, o ideal é respirar fundo e criar uma estratégia para construir a ponte que o fará alcançar aquilo que deseja.

Considero muito importante também estar aberto aos ensinamentos de quem está ao nosso lado. Por exemplo, ao longo da vida, meu pai me ensinou muitas coisas. Dentre as principais, a ser uma pessoa forte, trabalhadora, tenaz e esforçada. Também me mostrou a importância de ter respeito pela família e nunca, mas nunca mesmo, desistir de nada. Para mim, ele sempre foi um grande exemplo, pois perdeu a minha mãe ainda muito cedo e teve que criar três filhos pequenos, fazendo de tudo para nos manter unidos, mesmo tendo que trabalhar muito e desempenhar o papel de pai e mãe.

DÉCADA PERDIDA

Somente para você entender o contexto histórico, quando decidi que queria deixar a feira o ano era 1988, e o Brasil estava em processo de redemocratização. Época de intensas transformações. O mineiro Tancredo Neves havia sido eleito em 1985 por voto indireto pelo Congresso Nacional. Primeiro presidente não militar após 20 anos de ditadura. Porém, Tancredo faleceu antes de tomar posse. Com isto, José Sarney, o vice, assumiu a presidência e iniciou uma série de mudanças. O então ministro da Fazenda, Dilson Funaro, criou um plano econômico, o chamado Plano Cruzado, que demonstrou seu fracasso frente à falta de mercadorias, às inúmeras pressões por aumentos de preços e à generalizada cobrança de ágio, valor adicional para transações financeiras, na compra de produtos.

Sucederam-se os Planos Bresser e Verão, sem sucesso no combate à escalada inflacionária. No fim do governo Sarney, o Brasil mergulhou numa crise: entre fevereiro de 1989 e março de 1990, a inflação chega a 2.751% ao ano. Por outro lado, o Congresso Nacional, após três anos de trabalhos, comandado pelo deputado Ulysses Guimarães, promulgou em 5 de outubro de 1988 a nova Constituição Brasileira, contemplando mais direitos sociais e liberdades individuais para os brasileiros.

24 VOCÊ NASCEU PARA VENDER MUITO

Na sequência, em 1989, foram realizadas eleições diretas para presidente da República, as primeiras em 29 anos. José Sarney foi sucedido na presidência por Fernando Collor de Mello, que fez campanha em franca oposição ao governo federal, prometendo acabar com os "marajás" do governo.

A grande verdade é que, neste período da história, uma parcela considerável do povo brasileiro vivia quase na linha da miséria. Não é a toa que muitos historiadores chamam a década de 1980 como "A Década Perdida".

TRABALHO DURO E CHEIRO DE PEIXE

Agora imagine, em meio a todo este contexto político, financeiro e social, um "mero limpador de peixes" como eu querer ser rico. Pode ser considerado um pensamento ousado ou até mesmo louco por muitas pessoas. Às vezes, eu me olhava naquele cenário e pensava no sonho: "Quero ser rico". Aquilo, no entanto, parecia impossível.

O que soa improvável, porém, pode estar ao nosso alcance se acreditarmos e trabalharmos com dedicação. Você também deve ter alguma história assim para narrar. Algo aparentemente inatingível que você conseguiu conquistar.

Mas voltando à minha rotina na época, costumo citar um exemplo para mostrar como ela era, digamos, estafante. Veja só que situação: no ônibus, depois do longo dia de trabalho na feira, quando ia embora para casa, por volta das 14 horas, muitas pessoas se afastavam de mim por causa do forte cheiro de peixe. Quando chegava em casa, lá pelas 15 horas, tinha tempo de tomar um banho, ajudar o meu pai com o almoço e ir dormir, pois no outro dia tinha que acordar à 1 da manhã para pegar o ônibus à 1h20.

A rotina corrida e pesada seguia. Às 2h30, eu já devia estar no Ceasa, central de abastecimento localizada na zona oeste de São Paulo, para fazer compras e carregar o caminhão. Às 5h30 era hora de sair do Ceasa e rumar para a feira. Com o tempo sempre corrido, tinha que montar a barraca até as 7 horas, fizesse chuva ou sol – em alguns desses dias eu me via obrigado a trabalhar literalmente ensopado dos pés à cabeça e com a bota cheia de água de tanta chuva que tomava na hora da montagem.

Após as manhãs de comércio intenso, desmontava tudo somente depois das 12h30. E aí começava toda a rotina de novo: as pessoas se afastando de mim dentro do ônibus por causa do cheiro de peixe… Dia após dia, por anos, a repetição deste ciclo seria algo capaz de arrasar com a autoestima de qualquer um, certo? Caso você tenha uma trajetória que em alguns aspectos se assemelhe com a minha, sabe bem o que estou dizendo.

Some então o fato de que, durante os últimos cinco anos em que trabalhei na feira livre, nunca faltei um dia sequer no trabalho. Nem mesmo quando estava doente deixei de desempenhar meu papel. Também nunca tive férias ao longo de todo o tempo em que estive na barraca de peixes, dos 10 aos 19 anos. Essa era a minha vida e essa era a situação do país.

Você já trabalhou doente alguma vez? Ou ficou anos sem tirar férias? Em caso positivo, sabe bem como o repouso é fundamental quando precisamos fortalecer nossa saúde ou como alguns dias por ano longe do trabalho podem operar milagres na vida de qualquer um.

Por isso, eu lhe pergunto: Diante de tantas adversidades combinadas e de um cenário nada favorável como o descrito acima, como é que eu poderia realizar o meu sonho de ser rico? E você, como pode realizar os seus?

CAPÍTULO 2

OS LADRÕES DE SONHOS

O cenário de incerteza é uma constante nos nossos dias. Enquanto não podemos controlar o cenário externo, é possível controlar o interno. Por isso, neste capítulo quero lhe convidar a fazer algumas constatações comigo para que possamos seguir nesta jornada que é, acima de tudo, pautada em como liberamos o potencial que está contido em cada um de nós.

Nestes mais de vinte anos de trajetória, por todos os locais e eventos que passei, sempre chegavam pedidos de que eu pudesse de algum modo condensar meus aprendizados e técnicas. Enquanto vendedor, gestor e empreendedor, compreendo inúmeras das dificuldades que fazem parte do nosso cotidiano como profissionais que buscam oferecer soluções benéficas a nossos clientes e aos nossos próprios projetos de vida.

Este livro, então, tornou-se um dos projetos essenciais da minha vida, e meu sonho é que, a partir da sua leitura, consiga transmitir a você os meios para:

1. SIMPLIFICAR O ATO DE VENDER.
2. MELHORAR SUAS HABILIDADES DE COMUNICAÇÃO.
3. DERRUBAR MITOS SOBRE VENDAS E, ASSIM, AJUDAR NA SUA PROFISSIONALIZAÇÃO.
4. AUXILIAR TODAS AS PESSOAS – QUE TENHAM FORÇA DE VONTADE – A VENDER QUALQUER TIPO DE PRODUTO, IDEIA OU SERVIÇO.
5. TRANSFORMAR A VIDA DAS PESSOAS PARA MELHOR.

28 VOCÊ NASCEU PARA VENDER MUITO

Talvez você ainda esteja se questionando: Quem ele é para almejar algo tão grandioso por meio de uma obra sobre vendas? O que ele já fez para ter autoridade para escrever um livro sobre o assunto?

Bom. Para responder a esta e a inúmeras perguntas é preciso contar um pouco mais da minha história profissional. Então, vamos a ela.

A INDIGNAÇÃO PODE SER UMA COISA BOA

Apesar de toda a pesada rotina na feira, que já compartilhei com você no capítulo anterior, digo que sempre trabalhei com muita alegria na barraca de peixe. Como disse, tinha muita vontade de vencer na vida. Porém, como também mencionei, em 1989, aos 20 anos, havia analisado minha situação e concluído que o máximo que poderia alcançar, se trabalhasse muito nos próximos vinte anos, seria conseguir me tornar dono de uma barraca da feira. Acredito que é o tipo de pensamento que você também já pode ter tido ao longo da sua vida profissional, correto? Como se houvesse um limite estabelecido para até onde seus sonhos podem lhe levar.

Ser dono de uma barraca de feira, porém, estava muito longe do desejo de *ser rico*. Não era isso que queria para minha vida. Entre 1986 e 1987, a Rede Globo havia exibido a novela *Roda de Fogo*, que tinha como protagonista o ator e galã Tarcísio Meira no papel de Renato Villar, um rico empresário. Quando assistia aos capítulos da novela, lembro que sonhava acordado: "Quero ser igual ao Renato Villar, um empresário rico e bem-sucedido".

Longe da TV, no entanto, quando olhava para minha realidade, ficava indignado com a situação em que me encontrava. Uma coisa era clara para mim, e você deve concordar. Era impossível me tornar rico trabalhando naquela área. Foi diante disso que tomei a decisão mais importante da minha vida: sair da feira!

ENQUANTO NÃO PODEMOS CONTROLAR O CENÁRIO EXTERNO, É POSSÍVEL CONTROLAR O INTERNO.

30 **VOCÊ NASCEU PARA VENDER MUITO**

Mas qual era exatamente a minha situação? Durante dez anos, dos 10 aos 20 anos, havia feito só uma coisa: limpar peixes para os clientes da barraca. Portanto, a minha experiência profissional era praticamente zero. Grau de escolaridade? Primeiro ano do ensino médio. Quais as minhas chances no mercado de trabalho? Próximas de zero, não é?

Talvez você já tenha passado por algo assim. Querer alterar algo em sua história, mas não saber por onde começar. No meu caso, pedia diariamente em minhas orações uma oportunidade para poder mudar a minha vida. E o que o UNIVERSO me mostrou? Um anúncio de jornal.

Lembro-me da cena como se fosse hoje: um belo dia, eu estava embrulhando o peixe para um cliente – naquela época usava-se jornal para embalar peixes e carnes nas feiras livres – e vi, na página com a qual estava fazendo o pacote, um anúncio mais ou menos assim: "Ganhe 800 BTNs". BTN significava Bônus do Tesouro Nacional e era um indexador financeiro da época, ou seja, uma espécie de moeda que facilitava os cálculos de correção monetária baseada na inflação (que na época oscilava bastante) e ajudava o governo a manter a balança orçamentária. Quando vi aquilo, pensei: "Pronto, achei minha oportunidade". Calcule comigo: aquele valor era o triplo do que eu ganhava na feira. Não pensei duas vezes, recortei o anúncio daquele jornal e fui ver se tinha alguma chance.

Agora, veja: há pessoas que acreditam que a oportunidade da sua vida vai chegar de forma mágica. Já no meu caso, o destino sempre me colocou em situações de grande estresse e em todas elas dei um jeito de me virar. Talvez seja por isso, por estas circunstâncias em que tive meus limites físicos e emocionais desafiados, que hoje eu possa compartilhar isso com você e afirmar, com toda a sinceridade, que todo o esforço valeu a pena.

O QUE É UMA DECISÃO CERTA
OU UMA DECISÃO ERRADA? OU O QUE É O MELHOR,
A DECISÃO CERTA OU A DECISÃO ERRADA?

Fim da década de 1980, eu com 20 anos e apenas a experiência profissional da feira. Como era extremamente inocente naquela época, acreditei na proposta do anúncio. E no outro dia lá estava eu no endereço indicado, um lugar próximo do largo do Arouche, na região central de São Paulo, bem perto da praça da República.

Para quem não conhece muito bem São Paulo, é preciso explicar: este é o local onde se concentravam, antigamente, negociantes sem caráter e pilantras de todos os tipos. A região era chamada de Boca do Lixo, uma das portas de entrada para o submundo do crime da capital.

Somente depois fui entender: o anúncio fazia parte de um sistema que funcionava de forma similar a uma rede de arrastão: contratavam todo mundo que aparecia na entrevista e prometiam grandes comissões pelas vendas, mas nada de valor fixo. Ou seja, caiu na rede é peixe! E o peixe, neste caso, era eu! Imagine você que eu mal sabia que este era um tipo de empresa-fantasma. Eles iriam dar um tombo no mercado, vendendo coisas inexistentes, e depois iriam sumir do mapa.

Bom, esperei um tempão para ser entrevistado. Quando chegou a minha vez, entrei na sala e o entrevistador perguntou:

– Qual é o teu nome?

– Hélio.

– Hélio do que?

– Tatsuo Yostsui.

– Como? Ah, acho que vou lhe chamar de japonês, porque é mais fácil. Você tem alguma experiência com vendas?

32 VOCÊ NASCEU PARA VENDER MUITO

Neste momento pensei: "Minto ou conto a verdade?". Era a hora de decidir o meu futuro! Resolvi contar a verdade.

– Não, moço, nunca vendi nada.

– Você faz o quê?

– Trabalho na feira.

– Você trabalha na feira? Então você já é vendedor!

Como afirmei, naquele momento eu não sabia que o entrevistador contratava todo mundo. Então, respondi.

– Não, não vendo.

– E você faz o que na feira? Entregas?

– Não, moço, eu limpo peixe.

Naquele instante, pensei comigo, perdi minha oportunidade, não entendo nada de vendas.

Ao que ele respondeu:

– Sei, entendi. Diga-me uma coisa, você é esforçado?

– Se sou esforçado? Olha, acordo à 1 da manhã, chego ao Ceasa às 2h30, até as 7 horas tenho que montar a barraca, faça chuva ou faça sol. Daí, trabalho até as 12h30, desmonto a barraca e saio da feira às 13h30. Chego em casa às 15 horas. Como você vê, sou muito esforçado!

– Parabéns, hein... Ah, japonês, então, se eu lhe der uma chance, acho que não vou me arrepender, certo?

– Moço, se você me der uma chance, nunca na sua vida você vai se arrepender, porque vou me esforçar ao máximo. Vou fazer tudo o que puder para este emprego dar certo.

– O.k., o emprego é seu! Está contratado! Venha amanhã às 8 horas para o treinamento.

– Sério? Muito obrigado! – disse admirado com esta oportunidade.

Ao ouvir aquela frase do entrevistador, meu amigo e minha amiga, eu não cabia dentro de mim de tanta alegria. Nem acreditava que tinha sido contratado, afinal, eu mal sabia que eles contratavam qualquer um. Mas, enfim, aquela era a minha OPORTUNIDADE.

Então resolvi perguntar:

— Mas, me diga uma coisa, dá para ganhar tudo aquilo que está escrito no anúncio do jornal?

— Ô, se dá. Se você trabalhar direitinho, dá para ganhar três vezes mais.

— Três vezes mais! – praticamente gritei.

Deixei a sala da entrevista pisando nas nuvens... 800 BTNs eram três vezes mais do que eu ganhava na feira. "Eu vou ficar RICO, eu vou ficar RICO, eu vou ficar RICO!" Se você já viveu um momento de intensa felicidade, vai me entender. Naquele momento, eu estava completamente anestesiado.

Saí do largo do Arouche e peguei o metrô. Fui até a vila Formosa, na zona leste da capital, diretamente para a casa do meu patrão.

CUIDADO COM OS LADRÕES DE SONHOS

Amigo leitor e amiga leitora, se tem uma coisa em que acredito é que infelizmente algumas pessoas, muitas vezes por vontade de querer nos proteger, roubam nossos sonhos e ideais. E o pior, são as pessoas mais próximas que fazem isso conosco. Muitas delas não fazem por maldade. Acabam indo por este caminho pensando no nosso bem.

E acho que você há de concordar comigo: quem não estiver focado nos seus propósitos e objetivos pode perder a grande chance da sua vida para um desses ladrões de sonhos. Por exemplo, se eu tivesse ouvido os conselhos do meu patrão, com certeza não teria passado por tudo o que passei em minha vida. E você nem estaria lendo este livro, uma vez que ele também não existiria.

COLOQUE SEU SONHO NO TOPO DE TUDO.

Na minha vida, meu patrão daquela época foi o primeiro ladrão de sonho que conheci. Cheguei à casa dele, toquei a campainha e, assim que ele veio me atender, fui logo dizendo:

— Estou aqui para lhe agradecer e falar uma coisa: a partir de amanhã, não vou mais trabalhar na feira.

— Não vai mais, Tatsuo? Por quê?

— Porque arrumei outro emprego.

— Ah é, e vai ganhar quanto?

— 800 BTNs.

— O quê? E você acreditou?

— Lógico que acreditei. E ainda me falaram que dá para ganhar três vezes mais que isso.

— Larga mão de ser bobo, Tatsuo. Você acha que vão lhe pagar tudo isso? Quem bebeu da água da feira nunca mais sai.

— O quê? — respondi.

— E me fala uma coisa, você vai trabalhar com o quê?

— Ah, eu vou trabalhar com vendas.

— Mas você vai vender o que?

Que balde de água fria! Naquela hora me toquei que eu havia deixado de perguntar o que eu teria que vender. Só fiquei pensando na grana.

— Ah, amanhã o pessoal vai falar… — me limitei a dizer.

Na verdade, não sabia nem o que responder. Na minha inocência sem fim até me esqueci de questionar o que a empresa vendia. E, obviamente, aquela foi a deixa que o meu patrão precisava para tirar um sarro da minha cara.

— Tatsuo, larga mão de ser otário. Você nem mesmo sabe o que vai vender? Não dou uma semana e você estará de volta para a feira — sentenciou, confiante, meu patrão.

36 VOCÊ NASCEU PARA VENDER MUITO

Naquele momento, senti como se aquele homem tivesse jogado uma maldição em mim. Sim, não tenho dúvida, ele estava querendo roubar o meu sonho. Como autodefesa e para quebrar aquela profecia, respondi com toda a força da minha alma:

– Passo fome, mas nunca mais volto para a feira! E você vai ver, vou ganhar dinheiro.

Entre risos e naquele tom de quem acha que sabe o seu destino, ele me respondeu:

– Você vai voltar para a feira...

Devo confessar que as palavras do meu patrão doeram no meu coração. Senti como se fosse uma punhalada no fundo da minha alma e dos meus sonhos. Naquele momento, tomei uma decisão definitiva: nunca mais voltaria para o meu trabalho anterior. Tratei o deboche do meu patrão como um desafio de vida ou morte e, acredite, até hoje ainda me lembro da risada dele. Este foi um dos principais combustíveis que me fizeram (e ainda me fazem) seguir adiante todos os dias da minha vida.

Como eu costumo dizer quando faço treinamentos: muitas vezes precisamos queimar as pontes do nosso retrocesso. Significa fazer uma travessia e colocar fogo na ponte – ou seja, no caminho por onde viemos – para que só tenhamos a nova trilha, que está à frente, para seguir. E nunca mais voltemos por aquele trajeto antigo. O ser humano tende a voltar pelo caminho conhecido, o mais fácil, pois já está acostumado, e assim se acomoda numa situação.

Você talvez já tenha passado ou viva isso: pessoas que não têm fé nos seus sonhos e, com a intenção de querer impedir que você se machuque, tentam minar seus esforços para que você se conforme com sua realidade atual. Coloque seu sonho no topo de tudo, e não deixe que essas crenças incapacitem suas ações.

MEDOS, FANTASMAS: CADA UM TEM OS SEUS

Bem, a partir do dia seguinte, eu já não iria mais para a feira. Só que havia um detalhe: estava acostumado a acordar rotineiramente à 1 hora. Neste dia, porém, eu poderia "me dar ao luxo" de acordar às 5 horas. Agora, meu caro e minha cara, adivinhe o que aconteceu? Lógico, perdi a hora. Como resultado, tive que sair correndo feito um doido e acabei chegando atrasado para o treinamento. Imagine você, o primeiro dia no meu novo emprego, na minha nova vida, e não chego no horário. É de deixar qualquer um apreensivo.

Quando cheguei à sala de treinamento, todo mundo estava em pé, cada pessoa posicionada ao lado da outra. Entrei e me coloquei ao lado de um dos vendedores. Depois, ouvi:

— O trabalho de vocês é simples. Nós somos da Master Royal Hotéis e a única coisa que vocês têm que fazer é entregar esse título. Cobrar apenas a taxa de transferência de cartório e de registro no escritório no valor de x BTNs.

E esta foi a única coisa que escutei.

Então, o "treinador" perguntou em sequência para os vendedores da sala:

— Entendeu?

— Entendi.

— Entendeu?

— Entendi.

E chegou a minha vez.

— Entendeu?

Pense comigo, o que eu podia responder?

— Entendi!?!?

Mas, como você já pôde perceber, na verdade não havia entendido patavina. Não sabia nem falar o nome da empresa. Na tentativa de me "instruir" minimamente e também para não sair igual um louco na rua, fui perguntar para outro vendedor.

— Psiu, ei, você entendeu o que é para fazer?

— Sim, entendi — me disse o colega, com tranquilidade.

— Não entendi nada, cara, você pode explicar para mim? — quase implorei.

38 VOCÊ NASCEU PARA VENDER MUITO

— Ah, é fácil! A única coisa que você tem que fazer é chegar lá no lugar e entregar os papéis para a pessoa e cobrar a taxa de transferência do cartório e registro de escritório — resumiu o colega.

— Sei, isso eu entendi. Mas e antes disso? — retruquei.

— Antes disso o quê? — Ergueu a sobrancelha, o colega, sem entender.

— Antes disso, ué. Como é que chego até as pessoas?

— Chega, chegando, *ué* — disse ele, enfático.

— Cara, não entendi nada. O que é que falo para a pessoa? — perguntei, perdido.

— Fala o que você foi fazer lá — insistiu ele.

— Beleza, mas o que fui fazer lá? — rebati, cada vez mais confuso.

— Deixa eu explicar então o que você tem que fazer: você chega na pessoa da ficha, que a empresa lhe dará, e vai se apresentar. Fale o nome da empresa e explique o que você foi fazer lá. Entendeu? É simples — garantiu ele.

— Um minutinho, me deixa escrever. Fala de novo como que é? — eu, tentando tomar nota das "instruções" do colega.

— Você chega, cumprimenta e fala: bom dia, seu nome... — resumiu.

— Como que é: bom dia, meu nome é... — repeti, escrevendo tudinho.

— Cara, você vai escrever seu nome? Você não sabe qual é seu nome? — se espantou o colega.

— Meu nome eu sei, o que não sei é falar tudo isso daí junto. O conjunto é que está difícil — afirmei, sem esconder um certo pânico.

O resultado foi que escrevi o meu primeiro script de vendas: "Bom dia, meu nome é Hélio, sou da Master Royal Hotéis".

Aqui vale um ensinamento. Naquele momento eu ainda não sabia, mas estava construindo com aquela frase uma das partes mais importante de um processo de vendas, a abordagem. Costumo dizer que o primeiro minuto de uma venda é o que define se você vai vender ou não. Talvez mais importante que o fechamento, o primeiro minuto é onde você ganha o prospect e onde ele lhe compra. Se neste momento você não despertar nele credibilidade, ele não vai comprar nada de você. Mesmo que sua oferta seja ótima. Por isso, pensar no seu primeiro minuto, saber como abordar é algo muito valioso.

Mas voltando para aquela época, fiquei repetindo a frase um montão de vezes, em voz alta e em pensamento, até decorar. Este foi o meu primeiro treinamento: uma lástima. Na verdade, não houve treinamento algum.

Agora, pense na cena: eu, recém-saído da feira livre, um exímio limpador de peixes, sem nenhum preparo ou experiência. Para completar meu currículo, eu não sabia nem conversar direito com as pessoas. Estava me sentindo de que jeito? Morrendo de medo, obviamente.

Minha primeira visita era numa farmácia, próximo à Estação do Metrô Santa Cecília, na região central de São Paulo. Fui para lá repetindo para mim mesmo: "Bom dia, meu nome é Hélio, sou da Master Royal Hotéis", "Bom dia, meu nome é Hélio, sou da Master Royal Hotéis", "Bom dia, meu nome é Hélio, sou da Master Royal Hotéis", "Bom dia, meu nome é Hélio, sou da Master Royal Hotéis".

Quando finalmente achei a farmácia, olhei para dentro da loja e pensei: "Xiii, tem gente". É lógico que num comércio vai ter gente mesmo. Mas na hora em que tomei coragem para entrar na farmácia, um troço ruim veio de dentro de mim, uma tremedeira, dor de barriga. Sei lá o que era aquilo. Ninguém me avisou que iria sentir essas coisas: uma crise de insegurança, meu corpo parecendo que tinha perdido o controle. Olhei de novo para a farmácia e fiquei pensando: "Entro ou não entro?". Passados alguns minutos, decidi ir para a próxima visita. Desta vez, era um bar.

Então aconteceu um negócio estranho. Cheguei na frente do bar e percebi que novamente tinha gente. "Caramba", pensei, "é um comércio e é lógico que vai ter gente". "Já sei, vou esperar a pessoa sair e aí entro". Fiquei esperando. Você consegue imaginar o que aconteceu? Cada vez que saía uma pessoa, entrava outra. Como fiquei na frente do bar durante um tempo, o funcionário que servia café atrás do balcão ficou olhando para mim. E, de vez em quando, acenava para mim e dizia "Opa!", ao que eu respondia "Opa!". Chegou uma hora que não dava mais para ficar ali. Ficou uma situação estranha.

Uma vez mais, decidi ir para a próxima visita. Mas concluí: "Não adianta, em todo lugar que eu for vai ter gente. Então, na próxima visita, vou ter que entrar de supetão. Como se eu fosse entrar numa piscina com água gelada: vou dar um pulo só". Convenci-me de que entraria na próxima e segui com aquele script na minha cabeça: "Bom dia, meu nome é Hélio, sou da Master Royal Hotéis".

Cheguei ao endereço e já fui entrando, desta vez pisando firme. Quando cheguei ao meio do corredor da loja, encontrei uma pessoa e perguntei:

— Posso falar com o senhor Fulano? (Não me recordo mais o nome da pessoa.)

— Sou eu.

Na hora que ele falou "Sou eu", fui tomado pela síndrome do sabão em pó: BRANCO TOTAL. Queria falar o script, mas fiquei mentalmente travado diante do prospect... Apenas repetia:

— Meu... meu nome... meu nome é...

E quando finalmente consegui dizer algo:

— Meu nome é bom dia! — falei, automaticamente.

— Como é teu nome, filho? — disse o meu prospect, com cara de "Não estou entendendo nada".

Novamente me deu um "treco" por dentro. Uma reação que nunca tinha sentido na minha vida! Parecia que eu estava todo desbotado na frente do prospect. Foi uma sensação horrível de impotência, misturada com medo e algo mais. O que aconteceu? Óbvio que não vendi nada para aquele prospect. Aliás, não vendi nada para ninguém. Depois de uma semana de trabalho não tinha vendido nada ainda. Saía todo dia para vender e nada. Mil vezes nada.

E agora eu pergunto: Você acredita em fantasmas? Afirmo que eles existem e eu fiquei uma semana trabalhando com um deles falando na minha orelha: "Você vai voltar pra feira, vai voltar pra feira, quem bebeu dessa água nunca mais sai". Eu escutava a gargalhada do meu ex-patrão ressoando em minha mente 24 horas por dia. Até hoje, se eu ficar parado e quieto por algum tempo e tentar lembrar da cena, ela surge nítida em minha memória...

QUAIS SÃO OS FANTASMAS QUE VÊM ROUBANDO OS SEUS SONHOS?

Quando olho para este trecho de minha história, reconheço quanto a insegurança e a falta de conhecimento, ou de um mentor, me deixava refém, tomado pelo medo, e isso minava as minhas chances de ser bem-sucedido. Então, eu quero aproveitar este momento e convidar você a mapear quais são os fantasmas que têm assombrado os seus projetos. O que vem segurando os seus planos? Medo do fracasso? Falta de confiança? Falta de apoio?

Um dos primeiros passos para conseguir superar esses limitadores é nomeá-los. Então, aproveite as linhas a seguir para transcrever as questões e angústias que você precisa resolver para se preparar e viver o seu sonho.

CAPÍTULO 3

A INSPIRAÇÃO NECESSÁRIA

Eu não tinha alternativa a não ser fazer alguma coisa que pudesse mudar meus resultados. Eu precisava de uma luz para enxergar o que estava fazendo de errado e como poderia melhorar minha abordagem junto aos potenciais clientes. Para conseguir isso, precisava estar perto de quem conquistava aquilo que eu tanto desejava: vendas!

MEU PRIMEIRO MODELO

Toda manhã, durante a reunião diária, havia um vendedor que vinha esfregar no nariz da gente um pedido de venda que havia conseguido. Sem esconder o orgulho, o colega trazia o papel na mão, indicando o êxito com o cliente. Era no mínimo um, mas havia dias que ele exibia até mais vendas. Francisco, vindo da Bahia, foi o primeiro modelo que copiei e que me deu uma lição muito grande.

Antigamente, os pedidos eram feitos em papel e, algumas vezes, vinham com dinheiro ou cheque. Anos mais tarde, apelidei isso de passaporte da alegria, pois dizia aos vendedores que eu liderava que, com alguns daqueles no bolso, eles certamente estariam felizes.

Por que ele foi meu primeiro modelo? Porque ele tinha o que eu queria; ele vendia, e eu não! Eu pensava: "Como é que esse cara vende? Não é possível!". Dos vendedores que começaram comigo só sobrara o Francisco. Contudo, havia uma simples diferença: o resultado dele era positivo, enquanto o meu...

44 VOCÊ NASCEU PARA VENDER MUITO

Bom, eu tinha que me virar e ficava pensando: "O que tenho que fazer para vender? Tenho que sair com o Francisco e descobrir o segredo dele". Tomei coragem e abordei-o.

— Francisco, me deixa sair com você? — pedi.

— Por quê?

— Não consigo vender.

— Ah, mas é fácil demais, cara — disse ele, orgulhoso.

— Fácil para você. Já se passou uma semana e ainda não vendi nenhum título, e você vende todo dia. Deixe-me sair contigo? — insisti.

— Ah, está bem, mas é o seguinte: não vou lhe pagar nada, não.

— Tudo bem, só quero aprender.

Combinamos de sair juntos no dia seguinte, pela manhã. Nos encontramos no horário estabelecido, e ele chegou com uma gravata na mão para me entregar, dizendo ser minha nova ferramenta de trabalho.

— Toma, Hélio, usa — afirmou Francisco.

— O que é isso? — respondi, surpreso.

— Uma gravata.

— Não vou usar, não — teimei.

— Um vendedor que não usa gravata, Hélio...?

— Mas isso é ridículo, de crochê ainda?!?!

— Se você quiser sair comigo, vai ter que usar — rebateu, dando a palavra final.

Como queria muito sair com ele, aceitei. Mas, acredite em mim, ficou a coisa mais ridícula do mundo. Para piorar, como não sabia o que fazer com a gravata, o Francisco fez o nó para mim. A peça alcançava metade do meu peito, como um babador, e fiquei parecendo o Barney, do desenho animado *Os Flintstones*.

Esta foi a minha primeira grande lição: a aparência! Não se trata de ir vestido com roupas de grife ou todo produzido. Nada disso. Quando falo da aparência, me refiro ao cuidado que começa em como você se apresenta: a roupa bem cuidada e o cabelo alinhado para mostrar ao prospect que você se preparou para que pudessem ter essa conversa. Naquele dia, visitamos um monte de lugares e não encontrávamos os prospects. Até que entramos numa loja e vi Francisco fazendo uma abordagem. E, acredite, vi apenas uma abordagem dele, mas foi o suficiente para mudar a minha vida profissional daquele momento em diante.

Francisco chegou ao prospect e disse:

— Bom dia! Por gentileza, posso falar com o senhor Fulano de Tal?

— Sou eu mesmo — respondeu o outro homem.

— Ô, senhor Fulano, acredito que o senhor não me conheça. Tudo bem?

— Sim.

— Senhor Fulano, meu nome é Francisco, sou da Master Royal Hotéis. Estou aqui, senhor Fulano, porque alguns dias atrás passou por aqui uma colaboradora nossa e fez uma pesquisa sobre turismo com o senhor. Está lembrado?

— Turismo? Ah, uma loirinha, né… — assentiu o prospect.

— Isso, o senhor lembra que respondeu uma pesquisa?

— Sim lembro, é verdade.

— Então, estou aqui, senhor Fulano, porque, como o senhor nos ajudou gentilmente respondendo à pesquisa sobre turismo, O SENHOR FOI SELECIONADO POR NOSSA EMPRESA PARA GANHAR UM TÍTULO TOTALMENTE QUITADO DA MASTER ROYAL HOTÉIS. PARABÉNS!

— Ganhei, sério? — disse o homem, com o rosto iluminado.

— É, o senhor ganhou mesmo. O senhor tem um lugar reservado onde a gente possa conversar melhor? — sugeriu Francisco.

— Sim, lógico. Entre aqui, por favor.

Fiquei vendo tudo aquilo, maravilhado. Como era fácil conseguir a atenção do prospect usando as palavras certas e a entonação de voz adequada. Nos locais que

46 VOCÊ NASCEU PARA VENDER MUITO

visitei, nunca tinha sido convidado a entrar. Muito pelo contrário, sempre fui enxotado. E o Francisco estava lá dentro do escritório do prospect. Então, continuou:

— Senhor Fulano, este é um título da Master Royal Hotéis no valor de x BTNs. Esse título lhe dá direito a usufruir de uma rede de hotéis em todo o Brasil com descontos de 30% a 50%. O senhor tem também à sua disposição uma rede de chalés, apartamentos e casas que o senhor pode escolher em qualquer lugar do Brasil e pagar apenas a taxa de conservação. Além disso, o senhor tem uma rede de hotéis com estadias gratuitas, em que o senhor só paga por sua alimentação.

— Que maravilha! — exclamou o prospect.

— A única despesa que o senhor vai ter é a taxa de transferência do título e o registro de escritório — disse Francisco.

— Ah, e quanto fica?

— Fica em x BTNs — revelou meu colega.

— E como posso pagar? — questionou o homem, sem perder o interesse.

— Se parcelar em três vezes, fica bom para o senhor? Prefere em cheque ou em dinheiro?

Continuei vendo tudo aquilo e pensei: "Estou entendendo". Fiquei admirado, "babando" ao ver o processo da venda. Você pode imaginar. Quando terminou a venda, o Francisco estava com o pedido e o cheque na mão, nós saímos para a rua e então eu disse a ele:

— Francisco, estou indo embora.

— Embora, Hélio, mas essa foi a primeira visita. Vai embora por quê? — disse ele, admirado.

— Meu amigo, já entendi tudo. Preciso ir embora — resumi, mas, antes, agradeci diversas vezes aqueles ensinamentos. — Muito obrigado, muito obrigado, muito obrigado.

— Então tá. Até mais!

O que eu havia entendido ao ver meu colega Francisco trabalhando naquele dia é que, para conseguir uma venda de forma eficaz, eu deveria ir muito além de decorar algumas falas e soltá-las para cima do prospect, como quem arremessa um objeto mirando a cabeça do outro. Era preciso ter um script da venda. E isso é fruto de planejamento. Muito planejamento.

Depois de agradecer o Francisco e me despedir, peguei o ônibus e fui direto para casa. Queria chegar logo para poder escrever num papel tudo o que tinha visto, sem esquecer nenhum detalhe, nenhuma palavra. Instintivamente, criava ali o meu primeiro script de venda. Passei a noite em claro. Depois de escrever muito, fui decorar o que tinha colocado no papel. Fazia uma semana que estava no meu novo ramo e não havia conseguido vender nada, mas ver o Francisco abordando aquele prospect me encheu de motivação para colocar no papel, planejar e estruturar o que queria fazer. Até hoje costumo fazer isso. Coloco tudo no papel.

No dia seguinte, após não ter dormido para ficar decorando e repassando meu script de venda, lá estava eu, na frente do meu primeiro prospect do dia, às 8 horas. Meus olhos brilhavam, estava com garra e pensava: "Agora vou vender, agora vou vender".

– Bom dia, senhor Fulano, meu nome é Hélio, sou da Master Royal Hotéis… – e segui como havia decorado durante a noite.

Minutos depois, tinha conseguido minha primeira venda. Sem perder tempo, fui para o segundo prospect. Nova abordagem, nova venda concretizada. Um terceiro prospect e uma terceira venda vieram na sequência. Uma atrás da outra.

Naquele dia, fiquei exultante. Consegui três vendas com minha nova estratégia.

A partir daí, minha vida mudou, porque passei a vender todos os dias, assim como fazia o Francisco. Não tinha muita habilidade, não entendia muito, mas copiava o Francisco. Aquilo foi importante para o meu processo de aprendizado. Depois de uma semana vendendo todos os dias, foi maravilhoso para mim.

48 VOCÊ NASCEU PARA VENDER MUITO

O que destaco disso tudo é: saber como abordar a pessoa era o primeiríssimo passo. Estabelecer um canal de comunicação. Tal qual uma estrada recém-pavimentada entre duas pessoas. É por este asfalto lisinho que suas propostas circularão e chegarão até seu prospect, e por onde as questões dele voltarão a você. Por outro lado, se houver buracos ou um caminho cheio de obstáculos, nada funcionará. É o começo da história.

Em paralelo, eu deveria acreditar em mim e no produto que vendia. Com este script em mente, baseado em informações sobre o prospect, a técnica e a estratégia, a venda era uma consequência natural. Depois de ver Francisco vender, era a minha hora de brilhar.

NOVAS OPORTUNIDADES E NOVOS LÍDERES APARECEM

Dias depois, formei dupla com o Alan, um vendedor cearense, e começamos a trabalhar as cidades do interior paulista. Certo dia, estávamos em Ribeirão Preto, almoçando num restaurante próximo da rodoviária local.

Meu caro leitor e minha cara leitora, vendedor, quando está "duro" e não pode gastar muito, procura restaurantes que vendem o famoso PF, o prato feito. Barato, o prato costuma trazer arroz, feijão, picadinho de carne e ovo frito. Neste dia, durante o almoço, vi dois japoneses na mesa ao lado, vestindo terno e gravata. Virei-me para o Alan e falei:

– Alan, olha lá aqueles caras de gravata.

– Sei, o que é que tem, Hélio?

– Acho que são vendedores – palpitei.

– E daí? – disse ele, claramente desinteressado.

– E daí, vamos conversar com eles?

– Ah, vai você, eu tô comendo.

Senti que deveria falar com os "colegas", então puxei assunto:

– Ei, moço, com licença.

– Oi, bom dia! – disse um dos homens.

– Vocês são vendedores?

– Sim, somos. E você? – afirmou.

– Também sou. Que legal. Vendo títulos de clube e vocês?

– Nós vendemos colchões magnéticos. Dá para ganhar dinheiro com os títulos? – quis saber ele.

– Dá. E com os colchões? – perguntei.

– Com os colchões? Ô, se dá. Se trabalhar direitinho, dá para ficar rico! – o colega encheu a boca para dizer.

Ah, nessa historinha eu já não caia mais. Agora já era "macaco velho" e não me deixava levar assim tão fácil por esse discurso de ficar rico. Terminei a conversa, mas fiquei com um cartão de um dos rapazes. Mal sabia eu que aquele cartão tinha sido algo muito mais valioso do que diversos anúncios de jornal somados.

SORTE OU AZAR?

Dizem que o pão com manteiga do pobre, quando cai, termina com a manteiga para baixo. Depois de mais ou menos quarenta dias vendendo, cheguei ao escritório pela manhã e todas as portas estavam fechadas. Apenas Alan e eu esperávamos. O relógio marcou 8 horas e nada... 9, 10, 11 horas e absolutamente nada.

– Alan, acho que a gente levou um TOMBO.

– Será, Hélio?

– Os caras fugiram, Alan, foram embora.

– E agora, Hélio?

Imagine como fiquei quando percebi que os ditos "empresários" fugiram e fecharam a empresa sem pagar ninguém e sem entregar o produto prometido aos clientes. Não pagaram nenhuma das minhas comissões e nem as do Alan.

NÃO HÁ MALES QUE NÃO VENHAM PARA O BEM... TUDO SE JUSTIFICA NO FUTURO!

Por outro lado, posso dizer a você que aprendi uma coisa na minha vida a partir de episódios como este. Não há males que não venham para o bem. Acredite no que lhe digo, muitas vezes apenas não conseguimos achar uma explicação no momento em que algo acontece, por estarmos envolvidos emocionalmente na situação. Para mim, o "sumiço" dos meus empregadores foi o meio que a vida achou para que eu pudesse me encontrar com o meu segundo modelo de vendas, com o meu mentor profissional.

Mas naquele primeiro momento fiquei pensando: "Não acredito nisso. E agora, o que é que vou fazer?". Então, me lembrei do japonês do colchão. "Já sei, vou lá falar com o ele. O homem havia dito que dá para ganhar dinheiro. Vou ver se consigo uma vaga". Isto ocorreu em agosto de 1989. Grave bem esta data.

MINHA SEGUNDA OPORTUNIDADE

Não perdi tempo e entrei em contato com aquele vendedor. Quando cheguei à casa dele, em Itaquera, na zona leste da cidade de São Paulo, e na garagem dele vi que tinha um Volkswagen Santana Quantum, um Chevrolet Monza SLE e um Monza Classic, pensei comigo: "Nossa, esse japonês tem muito dinheiro, três carrões zero bala na garagem…".

O "japonês", na verdade, se chamava Yoshikazu Murakami. Ele trabalhava para uma multinacional japonesa chamada Nikken (Nihon Kenko Zoishin Kenkoyukai Kabushi Shiquigaisha) que comercializava, por meio do sistema de vendas diretas, produtos terapêuticos, tendo como carro-chefe o colchão magnético. Apenas para registro, a empresa acabou encerrando suas atividades no Brasil em 1992.

Após o contato inicial, o senhor Murakami começou a me explicar todo o sistema comercial da empresa.

— Para se tornar distribuidor, você precisa estagiar na empresa, tendo como meta vender 60 colchões. Trinta por mês. Passando no teste, você se torna um

52 VOCÊ NASCEU PARA VENDER MUITO

distribuidor independente e tem direito a comprar da fábrica o produto com 50% do preço de tabela.

— Ah, e quanto custa o colchão? — quis saber.

— Aproximadamente mil dólares — disse, com naturalidade.

— O quê? E vende? — falei, assombrado.

Então, o senhor Murakami me mostrou o seu extrato de vendas. Meus olhos arregalaram quando vi a quantidade de zeros no final do documento. Ele ganhava uma fortuna por mês. Muito mais do que eu tinha ganhado em toda a minha vida. Então, perguntei:

— E o que preciso fazer para me tornar estagiário?

— Comprar o seu colchão — afirmou ele.

— Mas por que eu tenho que ter o colchão? — questionei.

— Tatsuo, como é que você vai falar que uma coisa é boa se você não usa?

Depois deste primeiro encontro, fui a algumas reuniões de vendas com o senhor Murakami. Vi as pessoas dando depoimento das vendas e do que eles tinham conquistado vendendo colchão e comecei a ficar fascinado com aquele negócio. Tomei uma decisão, e você vai entender como isso foi difícil para mim.

Fui até o banco e saquei absolutamente toda a poupança que tinha guardado a vida toda com o que ganhei na feira. Fruto de muito sacrifício, todo o dinheiro somado resultou em pouco mais de mil dólares. Com este valor, que representava até a minha última moeda de economias, comprei o meu colchão. Só deu para comprar o tal colchão com um travesseiro.

Em agosto de 1989, comecei a trabalhar como estagiário da empresa de colchões. No meu primeiro mês de trabalho, vendi três colchões. Em setembro, foram duas vendas. Em outubro, apenas um colchão. Novembro, pior ainda: zero. E em dezembro, repeti a dose: também zero!

Foi uma época muito difícil em minha vida. Quando chegava em casa, a primeira coisa que meu pai perguntava era:

— E aí, vendeu?

Uma importante dica que dou para você que tem marido ou esposa, filho(a), pai ou mãe que é vendedor(a): nunca faça esta pergunta! Acredite, ela machuca. Se aquele ditado popular diz que perguntar não ofende, certamente, isto não vale para um vendedor num dia de vacas magras. Pode ter certeza de que se o vendedor vendeu no dia, você vai ficar sabendo. Simplesmente porque ele conta para todo mundo! Em vez de perguntar "E aí, vendeu?", opte por ser mais sutil e diga: "Quais são as boas-novas?". Caso ele tenha vendido, vai lhe contar. Caso contrário, você não o terá magoado.

Outra pergunta terrível que meu pai fazia era:

— E aí, já chegou a tabela nova?

— Já — eu respondia.

— De quanto foi o aumento?

— Só 40%.

— Está vendo, é por isso que não vende, onde já se viu um aumento desses.

Cansado, no final de dezembro daquele ano, eu estava decidido a ir embora para o Japão trabalhar como *dekassegui*, ou seja, passar uma temporada lá para trazer algum dinheiro. Naquela ocasião, na nossa ceia de Natal havia na mesa apenas arroz, feijão, uma corvina assada e água. Aquilo era demais para mim e para os meus sonhos tão massacrados.

Mas o destino tratou de se apresentar mais uma vez para mim. Dias depois do 25 de dezembro, quem chegou em casa para celebrar o Ano Novo? O senhor Murakami, com um panetone e uma espumante Sidra Cereser a tiracolo. Presentes para nós.

— Oi, Tatsuo — o senhor Murakami sempre se referia a mim pelo meu nome em japonês —, já é quase Ano Novo. Este ano promete, hein?! Presidente novo, vida nova...

– Murakami-san, para mim não dá mais, não.

– Por que, Tatsuo? Você está quase conseguindo – afirmou ele.

– Murakami-san? Eu vendi, por mês, três, dois, um, zero e zero.

– Mais importante que o resultado é o seu conhecimento. Você está aprendendo bastante e solidificando o seu sucesso interior – retrucou ele.

– Murakami-san, chega, não dá mais. Vou embora pro Japão. Estou quase passando fome aqui no Brasil.

Talvez você já tenha vivido algo parecido com o que ocorreu comigo a seguir, e visto como se fosse o sol surgir para dissipar as trevas com sua luz poderosa. Naquele momento, ele me deu de presente a maior oportunidade da minha vida. Murakami-san retirou do bolso um simples envelope e me entregou.

– Tatsuo, um presente para você! Vamos fazer o curso ouro em Curitiba. Depois você me fala se vai pro Japão ou não.

– Murakami-san, não tenho dinheiro para pagar o curso – tentei explicar.

– Este é presente para você, Tatsuo. Seu aniversário é no próximo dia primeiro, não é? Então, este é meu presente para você.

– Mas não tenho como ir, Murakami-san.

– Você vai comigo, no meu carro – resumiu.

Pensei comigo: "Presente do Murakami-san? Caramba, se não for, nunca vou saber o que é esse treinamento".

Decidi novamente:

– Então, se é assim, vou com o senhor.

Se há um divisor de águas na sua vida, caro leitor e cara leitora, um momento que mudou para sempre sua existência, então você vai me entender. Foi a partir deste treinamento, um curso de desenvolvimento pessoal, que tive a grande oportunidade de cair nas mãos de grandes mestres de vendas, grandes tutores, verdadeiros líderes que me moldaram e me ensinaram o que é ser um empreendedor de sucesso.

O senhor Murakami foi um destes líderes, assim como o lendário senhor Kado-moto, líder de vendas da *Enciclopédia Britânica* e tantos outros. O que posso dizer a você é que tive o privilégio de fazer parte de um seleto grupo de "discípulos" que foram forjados para o caminho do sucesso. Estiveram comigo nesta escola os treinadores Tadashi Kadomoto, Massaru Ogata e doutor Jougi Takahashi, além de outros profissionais que hoje são extremamente bem-sucedidos em suas áreas de atuação e referências em vendas e treinamento.

No dia 12 de janeiro de 1990, fui para Curitiba. Participei do treinamento nos dias 13 e 14. Foi um curso intenso, que me fez confrontar meus maiores medos e limitações por meio de conceitos e dinâmicas de grupo. Foi neste curso que co-nheci, decorei e incorporei – tudo na mesma noite – a Filosofia do Sucesso, de Napoleon Hill, extraída do livro *A lei do triunfo*.

Esse treinamento mudou a minha vida. Tente imaginar. Quando o treinamento terminou, eu havia descoberto que existia em mim uma potencialidade inata. Tam-bém que eu poderia realizar tudo o que desejava em minha vida, que ter sucesso não era uma questão de sorte, mas sim de escolhas que fazemos em nossas vidas, e que há uma fórmula lógica e racional para o sucesso. Sentia-me renovado, como se uma nova vida estivesse começando. Estava em estado de êxtase, quase explodin-do, cheio de vontade de vencer. Os meus olhos faiscavam, os meus dentes rangiam e eu pensava: "Agora vai, vou vender. Vou vencer. Desta vez vou ficar rico!".

Em 15 de janeiro, para que tenha uma ideia, eu não conseguia falar de tão rouco que estava. No dia 17, vendi o meu primeiro colchão. No dia 30, já tinha vendido 30 colchões. Em fevereiro, antes do Carnaval, já tinha fechado a venda dos 30 colchões novamente. Fiz o teste e fui aprovado como distribuidor da Nik-ken no início de março. A partir de então, iria ganhar 50% das minhas vendas. Ou seja, como um colchão era vendido a mil dólares, eu iria ganhar 500 dólares. Estava com 21 anos, na flor da idade, e a conta, na minha cabeça, era simples:

VOCÊ TEM QUE VENDER VOCÊ NO PRIMEIRO MINUTO, E ISSO VAI DEPENDER DE COMO FAZ SUA ABORDAGEM.

"Vendendo 30 colchões por mês, vou ganhar 15 mil dólares. Agora vou ficar rico de verdade". Aquilo era muito dinheiro para mim, e eu estava muito perto de transformar meu sonho em realidade.

ATITUDE E PERSEVERANÇA

No dia 15 de março de 1990, tomou posse como 32º presidente da República, o "caçador de marajás" Fernando Collor de Mello. Todos os brasileiros estavam com as esperanças renovadas. Era o primeiro presidente da democracia brasileira, eleito pelo povo por meio do voto direto.

Apenas um dia depois de tomar posse, o então presidente e a sua prima, a ministra da Economia Zélia Cardoso de Mello, anunciaram o confisco de parte das contas correntes e da poupança dos brasileiros. Oitenta por cento de todos os depósitos das contas correntes, das cadernetas de poupança e do *overnight* (modalidade em que o investidor aplicava no fim do dia e recebia os juros no dia seguinte) acima de 50 mil cruzados novos foram congelados por dezoito meses. Convertidos aos valores atuais, pelo índice de preços ao consumidor amplo (IPCA), os 50 mil cruzados novos corresponderiam a 5.588 reais (dados atualizados em março de 2010).

Resultado direto disso: ninguém tinha dinheiro para comprar um colchão de mil dólares.

Reflita comigo, justamente na hora que eu iria comer o pão, ele caiu das minhas mãos e, de novo, virado com a manteiga para baixo. Exatamente no momento em que estava preparado para ganhar dinheiro, o governo me atrapalha. Fui conversar com o meu mentor, o senhor Murakami.

— Agora, como nós vamos fazer? Ninguém vai comprar o colchão neste momento — questionei.

— Eu vou vender *zori*! — ele rebateu.

Na verdade, eram o que chamávamos de sandálias terapêuticas magnetizadas.

– Ô, Murakami-san, vamos vender chinelo? – questionei.

– Chinelo não, Tatsuo, sandálias terapêuticas magnetizadas – ele me corrigiu.

– Ah, Murakami-san, eu só vou vender chinelo porque não consigo vender os colchões nesse momento.

– Se eu não vender a sandália, vou passar fome, porque ninguém mais vai comprar colchão de mil dólares. O mercado mudou! – ele resumiu.

Saí pra rua amaldiçoando todo dia. "Desgraça, desgraça. Vender chinelo. Eu vendendo chinelo, ô desgraça." E foi assim até o final de 1990.

Mas como já disse a você anteriormente, não há males que não venham para o bem. Nós é que, no momento em que estamos passando pelas fases de dificuldades, não temos discernimento para compreender algumas provações de nossas vidas.

Veja só o que é a obra do destino. Em 1998, quando eu estava com uma nova empresa, que já existia há um ano, por um período de tempo, enquanto nosso produto principal ainda estava em fase de testes, adivinhe o que nós tivemos que vender para sobreviver? Acertou se você disse sandálias terapêuticas magnetizadas.

Por isso, lhe digo, não reclame da sua prova porque você não sabe o que virá lá na frente. Acredite: quem persiste e é obstinado, com relação aos seus sonhos e desejos, com certeza alcançará o sucesso. Agora aquele que desiste vai ser mais um no meio da multidão reclamando da sua falta de sorte na vida.

Em 1991, a economia se normalizou e nós voltamos a comercializar os colchões magnéticos. Naquele ano, eu fui considerado um dos maiores distribuidores pela Nikken do Brasil. Em 1992, meus proventos mensais chegavam a 7 mil dólares. Infelizmente, por uma decisão da sede internacional, que se desinteressou pelo mercado brasileiro e resolveu concentrar suas forças no mercado norte-americano, a empresa começou a se preparar para ir embora do Brasil naquele mesmo ano. Essa foi a minha primeira GRANDE ESCOLA DE VENDAS.

Por isso, sempre digo, para bons profissionais não faltam oportunidades de trabalho. Depois desta experiência, fui trabalhar numa empresa de assistência médica que iniciou um novo ciclo de aprendizagem em minha vida. Nessa nova fase, já com muito mais bagagem em vendas, tive a oportunidade de conviver com outros líderes que me ensinaram a treinar, motivar, reter e a gerir uma equipe.

Minhas habilidades como treinador tiveram um *upgrade*, passei para o próximo nível, pois aprendi a vender tecnicamente e aprendi a falar em público.

Recomecei minha carreira como vendedor, tornei-me líder de uma equipe e, num curto espaço de tempo, tornei-me o LÍDER DE VENDAS número 1 da companhia em todo o território nacional. Com 22 anos estava ganhando cerca de 10 mil dólares por mês. O meu sonho de ficar rico estava cada vez mais próximo e, pasme, com apenas 26 anos já conseguia ganhar 40 mil dólares por mês.

Aqui, faço um adendo importante, para explicar o canal de vendas em que atuo. O ramo com o qual gosto de trabalhar e no qual me especializei é o das vendas DIRETAS pessoais, ou seja, a venda um a um – pessoa a pessoa. Encaixam-se neste perfil as empresas de consórcio, planos de saúde, seguros e vendas diretas ou porta a porta. Alguns dizem que venda direta é o canal mais difícil de operar, mas a minha opinião é de que não é o mais difícil, é o mais rico em detalhes, por ter a necessidade de o vendedor ter que trabalhar todas as etapas da venda – as mesmas que iremos trabalhar nos próximos capítulos.

Habilidades variadas e que exigem do profissional de vendas o uso pleno de seus talentos, da sua força de vontade de prosperar.

AS TRÊS FERRAMENTAS BÁSICAS DO VENDEDOR PROFISSIONAL

Com essas primeiras escolas que tive a oportunidade de conhecer, eu descobri que, se eu quisesse ser um vendedor bem-sucedido, precisava usar as ferramentas certas para garantir meu desempenho – assim como em qualquer profissão. Para exemplificar, pense em alguns profissionais:

- O que um pedreiro necessita como ferramenta? Trena, colher, pá, carinho de mão etc.
- O que um médico necessita? Estetoscópio, bisturi, medidor de pressão etc.
- O que um desenhista necessita? Prancheta, transferidor, papel, lápis etc.

Enfim, basicamente todas as profissões necessitam de algumas ferramentas, e na profissão de vendas acontece a mesma coisa. Então, pergunto: Em sua opinião, quais são as ferramentas básicas do vendedor profissional?

Elas ficaram claras conforme conheci os meus modelos. São elas: aparência, sorriso e elogio.

A aparência

Como diz o doutor Lair Ribeiro, a primeira impressão é a que fica, e você jamais terá uma segunda chance de causar uma primeira boa impressão! Pois é, esta é a razão de que, ao abordar o prospect, você deve transmitir a mensagem de que é o melhor vendedor de sua empresa e o mais bem-sucedido. Afinal, as pessoas gostam de ser atendidas pelo MELHOR. Eu tiro isso pela Regina, minha esposa; quando alguém lhe pede para recomendar algum profissional, todas as vezes ela irá se referir à sua indicação mais ou menos assim: "Pode ir no doutor Crivellin, ele é o melhor médico obstetra e ginecologista de São José do Rio Preto", "Vai no Marcão que você vai adorar, ele é um excelente mecânico, é rápido e muito honesto", "Para fazer um banquete, pode ir no Buffet Dalila que eles são os melhores"... e por aí vai! As pessoas gostam de serem atendidas pelos MELHORES!

Então, procure investir na sua aparência, pois ela influenciará significativamente na sua carreira de vendedor bem-sucedido. Se vestir adequadamente não é um luxo, nem uma extravagância, é ser profissional!

Eu vejo muitas pessoas que dizem que querem ser grandes vendedores, mas não se preocupam com os detalhes de sua aparência. Para isso, algumas recomendações:

- Você não precisa de roupas de marca, mas é importante estar com as peças bem alinhadas, os sapatos podem receber uma mãozinha de graxa para ganhar um pouco de brilho.
- Os cabelos ajeitados, as unhas limpas, o perfume sem exageros.

Investir na sua aparência não significa gastar rios de dinheiro, significa ter capricho e ser zeloso por si mesmo. Então, reflita um pouquinho:

- Como você se veste para o seu prospect?
- Seus cabelos, unhas e pele são bem tratados?
- Seus sapatos são sempre bem engraxados? Sua roupa é limpa e bem passada?
- Que tipo de imagem você transmite ao seu prospect? De uma pessoa bem-sucedida?
- Imagine que você tenha que fazer o pagamento no valor de 1 milhão de reais. Você teria coragem de entregar um cheque de tão alto valor para você mesmo?
- Eu gostaria que você apenas refletisse sobre seu nível de credibilidade junto ao seu interlocutor. De 0 a 10, quanto você se daria levando em consideração somente a sua aparência?

Uma coisa que aprendi em minha carreira é que a venda é definida no seu primeiro minuto. Você acredita nisso ou não?

Qual é o primeiro produto que você vende ao seu interlocutor? Se respondeu que é você mesmo, ACERTOU!

Isso mesmo, você tem que vender VOCÊ no primeiro minuto, e isso vai depender de COMO faz sua abordagem. Vai depender da sua COMUNICAÇÃO VERBAL E NÃO VERBAL. Se você não tiver CREDIBILIDADE não vende nada, e aqui a aparência conta muito! Na cabeça do prospect, funciona mais ou menos assim: "Não tem boa aparência, não é bem-sucedido. Não é bem-sucedido, significa que não vende muito. Não vende muito, o produto não é bom. O produto não é bom, logo, não compro".

É o que acontecia comigo nas primeiras tentativas. Eu não transmitia a mensagem corretamente, não abordava o prospect com uma postura de sucesso, e isso frustrava meus objetivos.

O SORRISO

Você já ouviu dizer que o sorriso é a janela da alma? É a janela da alma porque através dele você transfere algo que está no seu coração. Se existe alegria no seu espírito, isso é transferido pelo sorriso.

As pessoas preferem comprar de quem elas gostam, e o sorriso é uma ótima maneira de quebrar as primeiras barreiras! Vamos refletir um pouco:

- Numa escala de 0 a 10, como você avaliaria a quantidade de sorrisos que distribui diariamente?
- Qual é o seu tipo de personalidade? Você é tímido ou extrovertido?
- Você sabe falar sorrindo?
- Você acredita que é possível tornar o sorriso um hábito?

Quem sorri tem mais facilidade em conquistar a simpatia do prospect. Vou dar alguns exemplos.

Você já teve algum professor cuja aula era muito legal e o tempo voava de um jeito que você nem percebia? E já teve algum professor cujas aulas demoravam a passar e – ainda costumo brincar – era justo aquele com quem você tinha "dobradinha" nas duas últimas aulas da sexta-feira?

Como eles eram? Por que você gostava ou não das aulas deles? A matéria que eles davam é que pesavam no seu interesse ou desinteresse?

Eu me lembro de quando fiz um MBA, como ouvinte, na Fundação Getulio Vargas. Tinha uma disciplina que eu detestava, matemática financeira, mas o professor era um cara excepcional, conseguia deixar a matéria muito legal, sua persuasão era fantástica. Na época eu já entendia o que fazia dele um cara especial e sabia exatamente o que mais pesava em seu poder de influência.

Óbvio que há uma série de variáveis, tais como conteúdo, velocidade e altura da voz, comunicação verbal, eloquência, mas com certeza uma das que mais pesam é o CARISMA.

Segundo o dicionário, *carisma* é a habilidade que alguns seres humanos têm de conseguir encantar, persuadir, fascinar ou seduzir um outro indivíduo por meio da sua forma de ser e agir.

Como podemos aumentar nosso carisma? Sem dúvida alguma, o sorriso é uma poderosíssima ferramenta para isso! Pense em alguém carismático, pense nos professores de que você gostava ou não, pense nos palestrantes que você poderia ficar ouvindo por dias. Como era sua COMUNICAÇÃO NÃO VERBAL? Procure se lembrar do sorriso deles.

Quer ir mais longe? Pense na sua mãe brava! Pense na sua mãe sorrindo!

Quanto o sorriso nos influencia? Quanto o sorriso pode interferir no seu processo de vendas?

O sorriso é muito poderoso porque faz com que suas palavras num processo de vendas entrem pelo coração, para depois irem para a razão.

64 **VOCÊ NASCEU PARA VENDER MUITO**

Veja o exemplo do apresentador Silvio Santos, ou da apresentadora Oprah Winfrey. São pessoas que inegavelmente têm seu poder de influência ligado ao carisma e que, de forma explícita, utilizam o sorriso para fortalecê-la.

Como faço para sorrir mais?

Sou descendente de japoneses e, por influência da minha cultura, sou extremamente tímido – desde criança tive uma série de dificuldades com isso. Até para arrumar namoradas a timidez me atrapalhava, mas hoje, se você me observa vendendo ou falando em público, é muito difícil perceber este traço em minha personalidade.

Como fiz para mudar? Primeiramente, entendi o conceito, tomei consciência do quão poderoso é o sorriso. Depois veio a vontade de mudar e, por fim, o esforço consciente por meio da prática. Eu me recordo que pegava textos por escrito e os lia sorrindo, várias vezes. Hoje, sei que quando estou no palco durante uma palestra, grande parte do tempo sorrio ao mesmo tempo que falo.

Depois de tanto treinar, hoje está no meu modo piloto automático.

Sorria e você vai vender muito mais!

O ELOGIO

A terceira ferramenta é o elogio. E a razão de seu poder se dá porque ele cria um canal de identificação com o seu interlocutor. Você utiliza para evidenciar aspectos positivos de alguém. As pessoas gostam de comprar de pessoas que se parecem e que conseguem se conectar com elas. É uma forma de reconhecimento, um alimento espiritual que todos nós temos a necessidade de receber.

Se souber utilizar esta técnica poderosíssima, poderá aumentar muito seu poder de persuasão.

Há dois tipos de reconhecimentos que podemos dar ou receber – o positivo e o negativo. Convido você a pensar sobre os tipos de reconhecimento que gostaria de dar ou receber. É óbvio que sempre queremos receber o reconhecimento positivo de alguém, mas nem sempre a recíproca é a mesma. Queremos receber reconhecimentos positivos, mas será que damos reconhecimentos positivos na mesma proporção?

Lembre-se que se você quiser que a lareira lhe dê calor, antes é preciso dar lenha à lareira. Assim é na sua vida pessoal e profissional, especialmente quando estiver com um prospect. O outro dá sinais sobre suas necessidades e sobre o que ele valoriza. Leia esses sinais e abra o canal com seu interlocutor.

Algumas dicas:

- Você precisa ser verdadeiro! Nunca se esqueça disso. O prospect percebe quando você está mentindo.
- Observe e procure no ambiente e nas pessoas coisas que realmente têm a sua admiração.
- Veja os sinais que as outras pessoas lhe indicam: objetos expostos nos ambientes, fotos, os marcos profissionais etc.

CAPÍTULO 4

PREPARANDO-SE PARA VENDER

Meu caro leitor, minha cara leitora, agora proponho que você faça comigo um exercício. Para você, qual o entendimento que as pessoas têm sobre SUCESSO e VENDAS? Para chegar perto da resposta e entender o que quero lhe dizer, faça as seguintes perguntas a um grupo de pessoas.

1. Quem deseja ter sucesso financeiro?
2. Quem deseja aprender a ser vendedor?

Você perceberá que a maioria das pessoas quer ter sucesso financeiro, mas não deseja ser vendedor. No entanto, alguém afirmar que deseja ter sucesso financeiro, mas não quer ser vendedor é o mesmo que dizer que não almeja o primeiro. Isso é algo absolutamente antagônico! Uma completa contradição. Pois o seu SUCESSO está intimamente ligado à sua capacidade de vender!

Veja, o mundo passou por grandes transformações. No passado, durante o feudalismo, a riqueza se concentrava nas mãos de quem tinha terras. Depois, veio a era industrial e a concentração do dinheiro passou para os donos do CAPITAL. Hoje, vivemos a era da INFORMAÇÃO.

O acesso à informação no passado era muito diferente do que acontece hoje. Talvez muitos nem se lembrem, mas até 1998 o Google ainda nem existia, e em duas décadas essa empresa revolucionou a nossa maneira de encontrar e organizar

68 VOCÊ NASCEU PARA VENDER MUITO

as informações. Se alguém desejasse pesquisar sobre um determinado tema, deveria ir a uma biblioteca. Ou aqueles que tinham melhores condições financeiras possuíam em casa uma enciclopédia. Agora, é só dar um Google, salvar o que deseja em seu *drive* e ter acesso à informação com apenas alguns cliques, seja no computador ou no celular.

O que no passado era privilégio de poucos, hoje é acessível a todos. A informação é DEMOCRÁTICA e, acima de tudo, ABUNDANTE e RÁPIDA. Um exemplo simples: atualmente uma edição de domingo do jornal *O Estado de S. Paulo* traz mais conteúdo do que um ano inteiro de reportagens dos jornais editados no começo do século XX. Naquela época, uma correspondência do Brasil para Europa demorava mais de trinta dias para ser entregue ao destinatário, enquanto hoje isto ocorre em tempo real.

Então, eu lhe pergunto, como podemos tomar proveito de tanta informação? Na realidade, o que vai fazer a diferença nos dias de hoje é COMO utilizamos todo esse conteúdo. Por isso, o ato de vender deixou de ser uma habilidade apenas do vendedor e passou a ser uma habilidade das pessoas bem-sucedidas. Significa que quem deseja ter sucesso no mundo dos negócios ou em seus relacionamentos tem a obrigação de saber vender.

Perceba o movimento das grandes marcas. Nike, Casas Bahia, Apple, Alibaba... O que essas marcas fabricam? Não fabricam absolutamente nada! O que eles fazem é VENDER!

Observe o que está acontecendo ao redor do mundo... Um tênis da Nike, uma marca AMERICANA, é fabricado na China, vendido no Paraguai e usado no Brasil... Não é uma loucura?

Perceba que tudo o que há no mundo é vendido. O que você está vestindo, o seu computador, o carro que dirige, a comida que come, tudo na sua casa... exatamente tudo que existe no que se refere a produtos gira em torno de vendas!

Mas agora vou além. Seja você um médico, um advogado, um empresário ou um arquiteto, não importa a profissão que escolha, obrigatoriamente você deve saber vender. Em nosso mundo atual, saber vender se tornou algo como um gênero de primeira necessidade.

COMO APRENDO A VENDER?

Essa é uma boa pergunta. Aliás, esta sempre foi a pergunta que me fiz ao longo de toda a minha carreira profissional. E vou respondê-la sob o meu ponto de vista, de como fiz para aprender a vender. Então vamos lá...

Quando comecei a trabalhar como vendedor, escolhi a profissão não por opção, mas exatamente o contrário disso. A verdade era que eu não tinha muitas alternativas de trabalho. Comecei de uma forma atabalhoada e sem profissionalismo, mas, acredite, talvez por "sorte" fui trabalhar numa grande empresa, que tinha em seu corpo de profissionais grandes líderes de vendas, exímios vendedores. E os que eu mais admirava eram os que tinham experiência de vendas porta a porta.

Quem tem mais de 35 anos deve se lembrar daqueles vendedores da *Enciclopédia Britânica*, *Barsa* ou *Mirador*. Pois bem, esses profissionais sabiam muito de vendas. Aliás, a *Britânica* foi uma das maiores escolas de vendas que o mundo já teve. E eu aprendi muito com eles. Foram grandes exemplos.

Com estes mestres, consegui aprender apenas copiando as melhores práticas. Mas tinha um problema. Muitas vezes, eu não entendia a lógica ou o fundamento por trás daquela prática. Mesmo assim, eu a copiava, e na maioria das vezes dava certo. Os primeiros aprendizados, as três ferramentas que compartilhei com você no capítulo anterior.

À medida que o tempo passava, porém, fui sentindo a necessidade de trazer mais fundamento, de elementos teóricos, ao que eu havia aprendido na prática. Isso ocorreu porque, conforme eu fui crescendo na carreira, ampliando meu horizonte

O SEU SUCESSO ESTÁ INTIMAMENTE LIGADO À SUA CAPACIDADE DE VENDER!

profissional, passei a ter a urgência de ensinar outras pessoas. E, a partir daí, já não dava mais para ser somente através dos exemplos de campo. Era necessário ter mais METODOLOGIA, TÉCNICAS e CIÊNCIA para transmitir aos outros aquilo que eu tinha para ensinar.

No Brasil, não temos cursos de graduação em vendas. Então, pergunto a você: Como devemos nos profissionalizar? Minha resposta é: aprenda a ser proativo em relação ao seu desenvolvimento. Foi traçando essa abordagem que eu estabeleci quatro passos que me levaram rumo à profissionalização em vendas – e compartilho-os agora com você.

1º PASSO BUSQUE CONHECIMENTO POR MEIO DE AUDIOLIVROS, PODCASTS E INTERNET

Atualmente, há excelentes autores sobre vendas. Uma verdadeira infinidade. Podemos dizer que não sabemos algo, mas já não podemos dizer que não temos acesso. Até hoje mantenho o hábito de sempre ter um audiolivro em meu carro. Para mim, essa é uma ferramenta fantástica de aprendizado, por isso sempre aproveito o tempo ocioso quando estou em algum trajeto no trânsito para ouvir meus audiolivros.

Temos hoje uma imensidão de mentores que nos oferecem conteúdos maravilhosos com dicas que agregam muito valor à nossa vida. Ouço os nacionais Murilo Gun e suas dicas cheias de humor, ou Flávio Augusto com suas excelentes sacadas; acompanho também as palestras do TED e os internacionais Anthony Robbins, T. Harv Eker e Zig Ziglar... Enfim, a internet está repleta de pessoas ou áudios com muito conteúdo sobre o tema, só não aprende quem não quer estudar.

2º PASSO LEIA SEMPRE

Um dia eu ouvi a seguinte frase: "Seu resultado normalmente será a média das cinco pessoas com quem mais você convive profissionalmente". Quando ouvi isso

72 VOCÊ NASCEU PARA VENDER MUITO

fiquei estarrecido. O autor explicava que normalmente nós copiamos comportamentos, e que os frutos da nossa vida são apenas consequência destes comportamentos. Pensei em quem eram essas pessoas. Comecei a raciocinar e percebi que as pessoas com as quais eu mais convivia tinham bons resultados em suas vidas. Porém, ainda assim não era o que eu desejava. Queria ter muito mais. Começou aí um grande problema. E como posso resolver? Meu sonho era muito maior! Você consegue imaginar? Como mudar isso se você não tem os modelos ideais para copiar? Meu raciocínio foi: eu não tenho amigos ricos e não convivi com bons professores. Aliás, não tive muitos professores, pois não estudei — quer dizer, ao menos na chamada escola formal, uma vez que estudei a minha vida inteira, lendo bons livros e me informando sempre que possível.

As pessoas que me cercavam não eram as que tinham os resultados que eu gostaria. Resolvi, então, buscar nos livros novos exemplos, bons autores, pessoas que tinham resultado em minha área de atuação. Li também muitas biografias de pessoas bem-sucedidas. Minha intenção era descobrir como elas pensavam, o que consegui por meio dos livros. Assim, encontrei o modelo e defini quem seriam os indivíduos que inspirariam meus resultados.

Apesar de o conteúdo estar disponível com muita facilidade, a maioria dos profissionais de vendas acredita que não necessita buscar conhecimento, e isso é demonstrado por suas atitudes. No meu caso, talvez por ter uma base acadêmica muito baixa, sempre fui ávido por ampliar meus horizontes. Lembro-me como se fosse hoje do dia em que descobri que seis em cada dez brasileiros alfabetizados eram analfabetos funcionais (sabem ler, porém com uma capacidade de interpretação bastante inferior) e que eu era um deles [2]. A partir daí, coloquei uma meta pessoal de mudar este quadro. Talvez se eu

---

2 Em 2017, o estudo "Analfabetismo no mundo do trabalho" revelou que um a cada quatro brasileiros pode ser considerado analfabeto funcional. Disponível em: <http://exame.abril.com.br/brasil/so-8-dos-brasileiros-dominam-de-fato-portugues-e-matematica>. Acesso em: 11 ago. 2017.

não tivesse tomado esta atitude, hoje eu não teria repertório para comandar as minhas empresas.

Preciso me relacionar com clientes, colaboradores, franqueados, consultores, investidores, empresários, banqueiros e pessoas de todos os níveis sociais. Por este motivo, leitor e leitora, me esforcei muito, li, ouvi e estudei sobre vendas muito mais do que meus colegas de trabalho. Eu sabia onde queria chegar e estava disposto a pagar o preço.

Seguem mais algumas sugestões de bons autores que podem ajudá-lo a desenvolver suas habilidades de vendas. Há centenas de nomes, mas citarei apenas alguns: doutor Lair Ribeiro, Waldez Ludwig, Alfredo Rocha, Raul Candeloro, Massaru Ogata, Frank Bettger, Dale Carnegie e Joe Girard.

3º PASSO INVISTA EM TREINAMENTO EM SALA DE AULA

Um verdadeiro profissional entende que para a sua capacitação é necessário investir parte do seu tempo em sala de aula. Estudar, aprofundar-se tecnicamente, entender seu mercado, seus concorrentes, seu produto, sua ideia ou seu serviço. Não dá simplesmente para "montar na bicicleta e sair pedalando".

Agora me diga: Um médico, um bacharel em direito, um arquiteto ou um engenheiro passam quantos anos em sala de aula? Até hoje, com todas as ferramentas disponíveis para o aprendizado, se faz necessária a participação de um orientador para nos transmitir conteúdo. São pouquíssimas as pessoas que conseguem aprender sozinhas.

Quando comparo tudo isso com o profissional de vendas, vejo que muitos vendedores fogem do conceito de ESTUDAR para se profissionalizar. Talvez por isso seja uma das profissões mais malvistas do mercado. A maioria dos vendedores não estuda, não se aprofunda, faz tudo por tentativa e erro, não entende os fundamentos da venda e, por consequência, não possui bons resultados. Quais profissões você conhece que não tiveram de passar por uma sala de aula? Eu percebo isso em vendas e considero esta uma das raízes do fracasso na área. Perceba, tudo é uma questão de lógica!

Certa vez, eu estava fazendo o *check in* numa companhia aérea e, como de costume, havia chegado com muita antecedência. Você já fez um *check in* que levasse quarenta minutos? Pois é, eu passava por isso, e quando já estava achando que ia perder o voo, chamei a supervisora para questionar a demora do atendimento. Expliquei que poderia perder o voo caso aquilo se estendesse. Adivinhe o que a supervisora me disse? Pasme, ela pediu desculpas, mas afirmou ser uma funcionária nova e ainda estar em treinamento. Pensei: não é possível! Ela foi treinar justamente comigo, o prospect. Por que não treinou em sala de aula? Seria mais econômico e menos estressante.

Perceba, porém, que é assim que muitos treinam. Com o prospect ou no campo. É o mesmo que mandar o soldado para uma guerra segurando uma plaquinha "Estou em treinamento". Responda-me, o que vai acontecer com o soldado? Minha sugestão: estude em sala antes de ir a campo, você economizará tempo, esforço e energia.

4º PASSO COLOQUE EM PRÁTICA O CONHECIMENTO BUSCANDO PROFICIÊNCIA NA APLICAÇÃO

De que adianta o conhecimento que não é colocado em prática? Como diz o doutor Lair Ribeiro, conhecimento que não é colocado em prática é como um baú do tesouro no fundo do mar que ninguém consegue alcançar. Não tem valor.

Como funciona o nosso processo de aprendizagem? Primeiramente, vemos e ouvimos, entendemos e somente depois é que colocamos em prática, correto? Na verdade, não. Muitas vezes entendemos e não conseguimos colocar em prática. Ocorre de forma similar a quando estamos aprendendo um esporte. Na teoria, tudo bem. Mas quando vamos para a prática começa outro grande problema.

Eu jogo golfe. Meu desempenho, diria a você, é razoável. Na teoria, sei praticamente tudo o que tem que ser feito. Mas qual o grande problema? É igual ao que ocorre na área de vendas: o problema está na prática! Só melhoro o meu jogo com mais aulas técnicas e muita, mas muita prática. Não tem como se aprimorar sem ir a campo.

Se deseja ser um grande vendedor, é importante ter conhecimento/fundamento sobre a profissão e, acima de tudo, executar aquilo que sabe. Isso significa "ir a campo ou colocar em prática e tomar muitos nãos", aplicar aquilo que aprendeu, buscando aumentar o seu nível de proficiência e maestria em vendas.

Participei de inúmeros cursos e treinamentos em sala de aula, li centenas de livros, ouvi muitos CDs de vendas e tudo isso me deu uma base de conhecimento muito ampla sobre o tema. Junto à minha formação teórica procurei exercitar tudo o que aprendi. Tenho catalogadas as mais de 10 mil demonstrações de vendas que executei. Sabe quantas vezes errei? Quantas vendas eu perdi? Depois de tantas apresentações, de tantos erros e acertos, sabe o que aconteceu comigo? Entendi que qualquer coisa que eu fizer 10 mil vezes, não tem como não ficar BOA.

Chegou um momento em que este conhecimento, esta experiência, entrou no meu piloto automático. Ou seja, eu havia desenvolvido habilidades que passei a usar sem pensar, pois o conceito estava arraigado de modo tão forte no meu subconsciente que as técnicas surgiam naturalmente e o meu nível de assertividade explodiu.

Entendo que talvez todo o conhecimento que possuo me coloque até numa posição de professor. Mas, sem desmerecer o professor, acho que VALOR está no sábio, que é aquele que consegue ter resultados excepcionais com o conhecimento que domina. Por isso meu conselho é que você coloque em prática tudo o que julgue ser relevante e exercite até que todo esse conhecimento também esteja no seu piloto automático, transformando-o num verdadeiro MESTRE.

Como costumo sempre afirmar quando faço treinamentos de equipes: SE TREINAR... FICA BOM! E SE VISITAR, VENDE!

Assim, a FÓRMULA DO SUCESSO que observo em vendas é bastante simples:

CONHECIMENTO + TREINAMENTO + PRÁTICA = RESULTADO

PORTANTO, O QUE SIGNIFICA VENDER?

Pelo dicionário, vender significa trocar ou ceder um bem ou um serviço por uma contrapartida financeira ou material. Em minha opinião, vender vai muito além do seu sentido literal. É todo o processo de comunicação. E, por isso, acredito que não seja uma habilidade que apenas o vendedor deva compreender. Entendo que todas as pessoas que desejam obter o sucesso na vida devem dominar esta habilidade.

Não importa qual atividade profissional você exerça, é primordial dominar o poder da comunicação, pois ela se faz necessária em todos os momentos da nossa vida. No trabalho, na sua relação com seus pares, com seus subordinados ou com seu chefe, na relação em família, na educação dos filhos, na relação conjugal, nos negócios. Enfim, em todas as nossas relações pessoais temos a necessidade de saber comunicar de forma eficaz, pois estamos constantemente negociando com o outro. E entenda COMUNICAÇÃO EFICAZ como aquela que produza o efeito por você desejado. Não vale ser apenas um "falar bonito", suas palavras devem produzir resultado!

Então de forma sintética, se digo que vender é se comunicar de forma eficaz, então o que significa COMUNICAÇÃO?

Comunicação deriva do termo latim *communicare*, que significa partilhar, participar de algo, tornar comum. Desde os primórdios, nós, seres humanos, temos a necessidade de viver em bandos ou, adaptando isso para os dias atuais, de viver em SOCIEDADE. E, com isso, temos uma necessidade inata de nos comunicar.

Tente entender o que significa COMUNICAÇÃO interpretando conforme os destaques e a separação das palavras.

COMUNICAÇÃO

COM**UNICA**ÇÃO

COMUNIC**AÇÃO**

E aí conseguiu entender?

Comunicar significa tornar comum uma única ação, ou seja, tornar a ação desejada entre você e o outro algo compartilhado em comum acordo.

Vamos em frente, aprendendo a vender?

AS QUATRO REGRAS BÁSICAS DA COMUNICAÇÃO

Se vender é todo processo de comunicação, não teria como não nos aprofundarmos neste pilar.

Um mundo cada vez mais conectado e inundado de informações como o nosso oferece novos desafios. Por exemplo, é comum muitas pessoas acreditarem que explicaram algo sobre determinado assunto e outras tantas pensarem que entenderam o que lhes foi dito. Não faltam, porém, desentendimentos nascidos de explicações malfeitas ou interpretações erradas. Caro leitor e cara leitora, uma coisa que aprendi ao longo da minha carreira e compartilho com vocês aqui é o que denomino de as quatro regras básicas de comunicação. Elas são importantes, uma vez que têm por objetivo melhorar seu poder de venda. Confira a seguir.

REGRA Nº 1 OUÇA COM ATENÇÃO O SEU INTERLOCUTOR

Neste quesito, diria que a maioria dos vendedores peca muito. Uma boa parte deles diz que OUVE o prospect, mas na realidade está muito mais preocupado com o que vai falar ou vender, em vez de escutar o que o prospect está falando. Reflita: como você age nesse aspecto?

Para chegar até uma resposta, tente entender se você é uma pessoa que presta atenção ao que seu interlocutor fala. É muito fácil identificar se você é um vendedor que OUVE COM ATENÇÃO. Vou lhe dar uma dica valiosa. Você conhece vendedores que perguntam o nome ao prospect e depois de dois minutos não se recordam mais e aí perguntam novamente: Como é o nome do(a) senhor(a) mesmo?

Você acha que é um problema de memorização ou falta de atenção? Para mim, um vendedor que esquece o nome do prospect é um profissional que não VALORIZA o que o prospect fala. Concorda ou não? Vou explicar. Qual é o som ou a palavra mais gostosa de ser ouvida da boca dos outros? Essa palavra é o som do seu nome. E não sou só eu quem está dizendo isso.

"O nome de uma pessoa é para ela o som mais doce e mais importante que há em qualquer idioma", afirma Dale Carnegie, autor do livro *Como fazer amigos e influenciar pessoas*.

Portanto, se você esquece o nome do prospect que acabou de conhecer e que é uma das palavras mais gostosas de serem ouvidas, entendo que você não presta atenção em absolutamente nada.

Nos treinamentos que faço costumo dar uma dica. Se, no meio de uma conversa em que a outra pessoa já se apresentou, você perceber que esqueceu o nome dela, pergunte assim: "Qual o seu nome mesmo?". E quando ele disser, por exemplo, "João", você acrescenta, com naturalidade: "Não, não, João eu sei, mas eu queria saber seu nome completo..." Daí ele vai dizer: "Ah, João da Silva". Deste modo, você perguntou novamente o nome, solucionando seu probleminha, mas

SE TREINAR...
FICA BOM!
E SE VISITAR,
VENDE!

REGRA Nº 2 PENSE ANTES DE FALAR

Dentro de cada um de nós há uma "máquina" maravilhosa chamada cérebro.. Talvez por isso não damos o devido valor. Dar valor significa extrair riqueza ou utilizar de forma inteligente algo em benefício próprio ou coletivo.

É importante melhorar seu conhecimento teórico. Mas, se a parte comportamental não acompanhar, você vai ganhar de um lado, mas vai perder do outro. Em um processo de vendas o jogo se ganha primeiro na área do intelecto, e depois na fala.

Para estabelecer uma estratégia vencedora, leitor e leitora, primeiro você deve ter claros alguns questionamentos.

- O que você deseja com a sua fala?
- O que quer vender?
- Aonde você quer chegar com esse monte de palavras que saem da sua boca?
- Você está tentando convencer seu interlocutor de algo?

Tenha sempre em mente: a comunicação eficaz é aquela que produz os resultados que você deseja. Portanto, primeiro procure deixar o prospect falar. Aliás, instigue-o a falar. Busque transformar sua venda num diálogo. Jamais deixe que sua fala se transforme num monólogo. Reflita sobre cada palavra que o seu prospect diz. A partir disso, analise e questione.

Minha recomendação é que você pense antes de sair falando. Em função do que ouviu e das informações que captou, defina começo, meio e fim para sua venda.

Como dizia Aristóteles, filósofo grego que nasceu em 384 a.C.: "O sábio nunca diz tudo o que pensa, mas pensa sempre em tudo o que diz".

REGRA Nº 3 RESPONSABILIZE-SE: A COMUNICAÇÃO É DEVER DO COMUNICADOR, E NÃO DO RECEPTOR

Muitas pessoas acreditam que comunicar é apenas falar com outra pessoa. Meus caros leitores, defendo que comunicar é muito mais do que isso. É importante que você entenda que na comunicação eficaz, a responsabilidade da comunicação é do comunicador/emissor, e não do receptor. Assim, o que vale não é o que sai da sua boca, mas o que chega aos ouvidos do seu interlocutor. O significado que seu interlocutor dá às suas palavras é mais importante do que o que você fala. Assuma a responsabilidade pela interpretação das palavras que saem da sua boca, pois isso o tornará mais cuidadoso.

Para deixar ainda mais claro o que quero dizer, você já ouviu uma frase assim: "Eu expliquei e ele não entendeu"? Como você avalia essa fala, meu amigo e minha amiga? Ele não entendeu ou foi você que não se fez entender?

E essa outra frase então: "Essa criança é teimosa, ela não obedece!". E aí, como você a interpreta? Será que ela é teimosa mesmo ou você que não consegue influenciá-la?

REGRA Nº 4 ESTABELEÇA EMPATIA

Outro ponto precioso e muitas vezes deixado de lado por muitos vendedores é a empatia. Nunca deixe de se colocar no lugar do seu interlocutor.

Pense como ele pensa.

Sinta como ele sente.

Veja como ele vê.

Antes de falar, procure entender em primeiro lugar como o seu interlocutor vai interpretar a sua mensagem. De que adianta falar algo que a outra pessoa não está entendendo? Pela falta de entender esta regra de comunicação, as pessoas falam como se estivessem sozinhas ou falando para si mesmas. Ou seja, jogam palavras ao vento. Isso produz ZERO resultados.

82 VOCÊ NASCEU PARA VENDER MUITO

Procure entender quem é o prospect, pessoa ou público para quem você vai falar. Se for possível, faça perguntas abertas, no sentido de entender quais são os anseios ou expectativas que você pode preencher.

AS QUATRO REGRAS EM MEU CRESCIMENTO

Seja na função de vendedor ou de empreendedor, as quatro regras que compartilhei aqui sempre se mostraram efetivas em meu crescimento profissional e pessoal. Leitor e leitora, toda vez que você aprende a vender com técnica, o seu nível de eficiência e produtividade, sem dúvida, aumenta. Em meu crescimento isso foi efetivo, porque sempre foquei em aprender a vender. E depois que aprendi, procurei focar em formar uma equipe de vendas. Aprender a liderar pessoas.

Vejam, à medida que fui crescendo na carreira de vendas, meu tempo para ir à rua, para sair a campo com meu vendedor, consequentemente diminuiu. Cada vez mais, tinha menos tempo, pois a maior parte dele tinha de ser dedicada à equipe. À liderança, formação dos meus liderados, gestão de conflito, treinamentos. Assim, meus amigos, meu tempo de venda ia se tornando restrito. E, neste contexto, por que as quatro regras de comunicação me ajudaram? Simples, porque desenvolvi minha assertividade. Com estes ensinamentos, comecei a produzir muito mais dentro de um espaço de tempo reduzido. Ou seja, são ferramentas importantes por permitirem que você consiga fazer mais com menos.

E acrescento a você: utilizo há tantos anos estas quatro regras de comunicação que posso garantir que elas fazem a diferença e vão funcionar para você também. Foi algo que aprendi com as obras de diversos autores que li, junto ao aprendizado que tive com alguns líderes que vi e ouvi em campo. Pessoas que eu via atuando e cujos atos eu ia repetindo; assim, assimilava aqueles ensinamentos.

Mas tudo isto foi apreendido de maneira espaçada e desordenada. Por isso, afirmo, talvez se este conhecimento tivesse sido organizado como está hoje, como quatro regras básicas, eu teria aprendido muito mais cedo e muito mais rápido do que ocorreu. Praticando essas quatro regras, posso garantir que você vai se tornar mais assertivo e eficiente. Seu nível de proficiência em vender vai aumentar.

MOMENTO DE REFLEXÃO

Agora que você terminou mais este capítulo, proponho algumas perguntas para que você mesmo possa avaliar como é sua comunicação.

- *Como anda o seu nível de persuasão em vendas?*
- *Você tem se mantido atento ao que o interlocutor fala?*
- *Você frequentemente pensa antes de falar?*
- *Quando você conhece alguém, costuma guardar na memória o nome da pessoa?*
- *Quando você se comunica com alguém, preocupa-se com o entendimento de seu interlocutor?*
- *Com que frequência ocorre de você falar uma coisa e a pessoa entender outra?*
- *Quando uma pessoa entende errado aquilo que você falou, de quem você acredita que é a responsabilidade?*

CAPÍTULO 5

A LÓGICA DO PROCESSO DE VENDA

gora que sua comunicação está mais eficiente, está na hora de estruturar um processo lógico de vendas. Existem vários modelos, mas aqui falarei as duas estruturas que costumo utilizar quando penso em montar um processo de vendas. A base teórica não é de minha autoria, mas sua interpretação é uma mescla dos livros que li e das práticas por mim executadas. Vamos lá!

O primeiro modelo se chama processo Aida. Em minha opinião, é uma das lógicas mais fortes da estruturação de um processo de vendas. Muitos autores falam sobre o Aida com entendimentos diversos. Não consigo precisar a fonte, por ser um conceito muito antigo, mas acredito que um dos grandes divulgadores do processo Aida foi Edward K. Strong, que a citou, em 1925, no livro *The psychology of selling and advertising* [A psicologia das vendas e do marketing]. Neste livro o autor fala com uma visão muito voltada ao marketing.

O segundo se chama as dez etapas do processo de vendas:

1. **PROSPECÇÃO**
2. **ABORDAGEM**
3. **DEMONSTRAÇÃO**
4. **TESTE OU PROVA SOCIAL**
5. **NEUTRALIZAÇÃO DE OBJEÇÕES**
6. **VENDA DO PREÇO**

7. NEGOCIAÇÃO

8. FECHAMENTO

9. INDICAÇÃO

10. PÓS-VENDA

A teoria para estas dez etapas foi extraída dos ensinamentos de Raul Candeloro, um dos grandes mestres de vendas do Brasil; mais uma vez, fiz diversas adaptações segundo meu entendimento prático. Neste capítulo, trabalharemos as sete primeiras etapas. Quanto às demais, falaremos nos próximos capítulos.

PROCESSO AIDA

Pense no processo Aida como um caminho que o prospect deve percorrer até que realize a compra da sua ideia, produto ou serviço. Percurso que será conduzido por você, vendedor, único responsável pela eficácia de sua comunicação.

Todo processo de vendas tem COMEÇO, MEIO e FIM. Então, para ser bem-sucedido, é preciso encarar as vendas como o resultado de uma sequência lógica de ações. Para facilitar seu entendimento, grave em sua mente a palavra Aida:

Atenção

Interesse

Desejo

Ação

Essas etapas funcionam como um passo a passo, conforme observaremos a seguir.

PASSO Nº 1 ATENÇÃO

Seja qual for o seu produto/serviço/ideia, é impossível vender a alguém de quem você não consiga, em primeiro lugar, captar a atenção. E sem atenção é difícil despertar o interesse; sem o interesse, não temos oportunidade de criar o desejo; e sem o desejo, não há venda. Portanto, procure ter alguns cuidados especiais em relação à atenção.

a. Peça a atenção do seu prospect em potencial. Se o local não for adequado para fazer a apresentação por desvios de atenção que possam ser causados, não tenha receio de pedir para falar em outro local mais reservado, com menos barulho ou interrupções. Se não houver a possibilidade de o prospect lhe dar atenção, a probabilidade de a venda não acontecer será grande. Não abra mão da atenção plena do seu prospect, seja profissional!

b. Quando faço uma demonstração individual, gosto de utilizar rascunhos e rabiscar no papel. Se você faz a mesma coisa, aconselho a não se sentar em frente ao seu cliente em potencial. Sente-se ao lado dele de tal forma que a mão com a qual você escreve não fique na visão dele. Se você sentar-se em frente ao seu prospect, seu rascunho ficará de ponta-cabeça, dificultando o seu entendimento e visão. Lembre-se: neste momento, queremos a atenção do prospect.

c. Cuide da sua comunicação verbal e não verbal. Preste atenção às orientações do capítulo 3, sobre as três ferramentas básicas do vendedor profissional.

d. Pense em todos os ingredientes que adicionará ao seu primeiro minuto de fala. Se você tem um discurso de vendas padrão, procure pensar em cada palavra ou frase que diz, calculando milimetricamente o impacto de suas palavras.

88 VOCÊ NASCEU PARA VENDER MUITO

PASSO Nº 2 INTERESSE

Agora que você tem a atenção de seu prospect, é preciso despertar seu interesse para aquilo que você tem a lhe oferecer.

Fazer perguntas é a melhor maneira de construir isso. Faça perguntas que possam ser respondidas com um PORQUÊ muito forte, a razão que torne sua oferta irresistível, e leve seu interlocutor a refletir verdadeiramente sobre seu produto/serviço/ideia. Entendeu? Não? Vou explicar.

a. Pense nos principais atributos do seu produto, serviço ou ideia que está vendendo. Importante: não olhe apenas para os aspectos técnicos, mas também para os benefícios que pode gerar ao seu prospect, como mais tempo, conforto, segurança etc. Encontrou esses atributos? Escreva-os.

_____

_____

_____

_____

_____

_____

_____

b. Faça perguntas indutivas. Faça PERGUNTAS FECHADAS, que são as perguntas que seu interlocutor responde com um SIM ou NÃO.

Alguns exemplos de perguntas fechadas que eu utilizava com os produtos que trabalhei:

• Venda de planos de saúde

O senhor possui plano de saúde? O senhor conhece algum plano de saúde que não cobra mensalidade? Já viu plano de saúde que oferece cobertura para pai e mãe dos titulares e não cobra nada a mais?

- Venda de filtro de água

  O senhor já fez algum teste de turbidez ou de produtos químicos presentes na água que sai da sua torneira? O senhor acredita que a saúde é nosso maior patrimônio?

- Venda de colchões

  Um terço da nossa vida nós passamos em cima de um colchão. O senhor acredita que a qualidade do colchão influencia a nossa saúde?

  Você deve conduzir o prospect para chegar às respostas favoráveis à sua proposta. Tenha em mente as perguntas que tendem a levá-lo a responder "sim", pois isso facilitará a próxima etapa.

c. Depois de fazer as perguntas fechadas, você deve partir para as PERGUNTAS ABERTAS. Elas reforçam o interesse do prospect e trazem mais informações sobre quem está à sua frente e quais são suas necessidades. O ideal é que você só inicie esta fase depois de o prospect ter dito "sim" várias vezes às perguntas anteriores.

Para facilitar seu entendimento, vou dar um exemplo de um pitch de venda (discurso introdutório da venda de três minutos) de um produto que comercializo.

Muitas pessoas pensam que eu vendo filtros de água. No entanto, quero dizer que não vendo filtros, vendo SAÚDE! Por isso, estruturo todo o pitch de vendas do meu pessoal pensando na saúde do meu prospect, e não na venda do filtro em si. Para que eu consiga transmitir este VALOR ao meu prospect, preciso pensar em como essa informação pode ser interpretada de forma fidedigna ao que pretendo entregar, por isso a importância de pensar em COMO despertar o interesse do seu interlocutor.

Para fazer com que o interlocutor reflita sobre sua oferta, as perguntas abertas são grandes aliadas porque, para respondê-las, SIM ou NÃO obrigatoriamente não serão suficientes.

90 VOCÊ NASCEU PARA VENDER MUITO

Vamos à primeira pergunta que fazemos quando começamos o processo da venda:

- Que tipo de água o senhor ou a senhora utiliza em sua residência?

Possíveis respostas:

- Oitenta por cento dizem que bebem água mineral.
- A mínima parte diz que bebe água da torneira.
- Quando não bebem água mineral, a maioria diz que bebe a água de um filtro.

Quando respondem que bebem água mineral, parabenizo e elogio o prospect:

- Parabéns! O senhor realmente é uma pessoa preocupada com a saúde. Não dá para confiar 100% na água que sai da nossa torneira, não é verdade?
- O prospect, na maioria das vezes, diz: "É verdade, não dá para confiar!".

Nesse momento, levo o prospect a uma reflexão com uma pergunta:

- Mas não sai caro lavar todas as suas frutas, verduras e fazer os alimentos com água mineral?
- Na maioria das vezes, ele diz: "Eu não faço com água mineral!".

Fazemos, então, outra pergunta:

- Mas o senhor tem água mineral, por que não faz tudo com ela?
- Na maioria das vezes, o prospect diz: "É caro!".

Depois, vem mais uma pergunta:

- Mas o senhor lava e faz os seus alimentos com a água de onde?
- O prospect responde: "Da torneira!".

Com isso, o vendedor diz:

- Então, deixa eu ver se entendi. O senhor usa água mineral para beber, mas lava as frutas, verduras e faz seus alimentos com água da torneira. Por que faz assim? Por que não faz tudo com água mineral?
- O prospect pode dizer que ferve a água de torneira ou reafirmar que é caro fazer tudo com água mineral.

A partir daqui o prospect nos dá abertura para mostrar como nossa solução garante que ele fará o preparo de seus alimentos com mais qualidade, cuidando melhor de sua saúde e sem precisar gastar mais dinheiro por causa disso.

Por meio das perguntas abertas, você consegue neutralizar ou contra-argumentar os impedimentos que seu prospect pode ter para aceitar sua proposta.

Agora, apenas responda na sua imaginação:

- Quais são as perguntas que você mais costuma fazer durante seu processo de vendas?
- Suas perguntas despertam a atenção do seu interlocutor?
- Suas perguntas fazem seu interlocutor refletir antes de responder?
- Seu primeiro minuto de fala desperta a atenção do prospect? O prospect quer ouvir mais sobre o que você tem a dizer?

O aprendizado desta etapa é que deve fazer perguntas pensadas e bem estruturadas antes de começar um processo de vendas. Perguntas que ajudem a captar o interesse do seu interlocutor e deem condições de levar o seu prospect ao terceiro passo do processo Aida.

PASSO Nº 3 DESEJO

Despertado o interesse, o prospect passa a querer ouvi-lo. Neste momento, surge a chance de você habilmente criar o DESEJO.

O que é o desejo? Para mim, desejo é o pensamento unificado com o sentimento. Ele é tão forte que é capaz de fazer o ser humano mover céus e Terra para conseguir o que quer.

E como crio o desejo?

Para nascer o desejo no prospect, antes de mais nada, você deve fazer o prospect perceber que possui uma necessidade, que pode ser um problema, uma dor ou até mesmo uma alegria. Como faço para o prospect perceber isso?

Você faz isso por meio da demonstração de sua ideia, produto ou serviço. Sua demonstração deve despertar no prospect a necessidade. Alguns chamam esta técnica de FERIR e CURAR. Você fala do problema e depois apresenta a solução. É uma das técnicas mais eficientes de vendas.

A demonstração é uma das etapas mais importantes do processo de vendas. Minha recomendação é que você faça um script básico da demonstração do produto ou ideia que representa. Depois, ensaie, treine e grave na sua mente a sequência lógica. Feito isso, execute a demonstração de forma maravilhosa! Como diz o professor Ismael Cordeiro, que ministra o curso de vendas Shurenkai, "Faça a mais LINDA e MARAVILHOSA demonstração da sua vida".

Aprendi com o professor Ismael que, toda vez que eu for fazer a demonstração de um produto, serviço ou ideia que eu esteja vendendo, devo fazê-la com muito capricho e maestria. Para exemplificar, utilizo a seguinte estrutura lógica para despertar o desejo do meu prospect pelos produtos que distribuo.

Primeiro, busco a atenção do prospect e então faço várias perguntas para despertar seu interesse, como apresentei no passo anterior. Dependendo da resposta, posso seguir em direções distintas com a demonstração, mas vou apresentar uma forma um pouco mais genérica, usando o filtro como pano de fundo.

Começamos a falar dos problemas da água, da contaminação dos nossos mananciais e de onde é captada a água para tratamento. Depois, falo dos problemas com a contaminação química da água durante o tratamento. Todos sabem que a água é tratada com produtos químicos. Falo do problema do cloro e dos outros contaminadores.

Em seguida, trago para o prospect as questões que envolvem o trajeto da água até a casa dele: as tubulações por onde a água passa, os vazamentos etc. Até chegarmos ao último problema: as limpezas das caixas-d'água — as quais, infelizmente, não costumam ser limpas duas vezes ao ano, como é a recomendação dos engenheiros sanitaristas.

Se o prospect disser que usa água mineral em sua residência, posso falar do sistema de limpeza dos garrafões, os problemas durante o transporte, a exposição da água aos raios solares, manuseio na abertura do garrafão e também na entrega.

Depois que falo de todos os problemas, agora demonstro a solução.

Digo, este é o PROCESSADOR HIDROCINÉTICO HOKEN, que é a mais alta tecnologia em tratamento de água no Brasil e no mundo... E sigo apresentando todos os benefícios que temos a oferecer.

Se o produto for bom e solucionar o problema do prospect, existe a possibilidade de vender? É óbvio que sim! Desde que você consiga despertar no seu interlocutor o desejo, passa a haver uma probabilidade maior de venda. É isso!

PASSO Nº 4 AÇÃO

Tendo executado corretamente a sequência lógica do processo Aida, agora é partir para ação. Mas o que significa isso?

94 VOCÊ NASCEU PARA VENDER MUITO

Ação significa partir para o FECHAMENTO da venda, como veremos mais detalhadamente no capítulo 6!

10 ETAPAS DO PROCESSO DE VENDAS: DA PROSPECÇÃO À NEGOCIAÇÃO

PROSPECÇÃO

A palavra prospecção originalmente era utilizada na área de mineração e significa procurar pedras preciosas. Porém, os profissionais de vendas incorporaram este termo em sua atividade, uma vez que o principal objetivo do vendedor é encontrar prospects: que também podemos considerar como nossa pedra preciosa.

É verdade que todos nós, vendedores, desejamos ter clientes. Mas, antes disso, necessitamos ter oportunidades de vendas, pois uma pessoa só se torna cliente depois que ele "compra" seu produto, ideia ou serviço. Portanto, prospecção é a arte de gerar oportunidades de vendas.

Como então prospectar de maneira eficiente e criar oportunidades de negócio?

Você já ouviu falar em Joe Girard? Ele foi um dos maiores vendedores de carros do mundo. Você acredita que ele conseguiu esta façanha simplesmente esperando o prospect entrar em sua loja? Lógico que não!

Os maiores vendedores do mundo dominam a etapa da prospecção, independentemente do seu tipo ou canal de venda. Mas, em sua opinião, o que é mais difícil, demonstrar seu produto ou ter para quem demonstrar?

É muito mais difícil você ter para quem apresentar seu produto do que a apresentação em si. E os grandes vendedores sempre possuem mais pessoas a quem vender do que sua capacidade de vender para essas pessoas.

Venho do mundo das vendas diretas profissionais. E, nesse tipo de venda, quem não sabe prospectar sofre muito. Muitos vendedores ficam à mercê do

PROSPECÇÃO É A ARTE DE GERAR OPORTUNIDADES DE VENDAS.

96 VOCÊ NASCEU PARA VENDER MUITO

prospect, da empresa e do seu círculo de amizades para terem para quem apresentar sua ideia. Percebi que tinha aí uma grande diferença que poderia criar nas minhas equipes de vendas. Pensei: se esta é uma grande dificuldade, vou criar um mantra, as regras infalíveis de prospecção. Ou seja, tinha que criar algo que fixasse na cabeça dos meus vendedores.

Assim, fui criando várias fórmulas de prospecção. Mas a pessoa que mais me ensinou foi Michael Malaghan, autor do livro *Como fazer milhões com vendas diretas*. Ele me mostrou que há vários caminhos para chamar a atenção do prospect ideal para o que você tem a oferecer. Algumas estratégias são:

- Indicações do cliente
- Panfletagem
- Conferência com palestras gratuitas
- Cupons preenchidos para sorteios de brindes e aproveitados para agendamento de visitas
- Testes de produtos
- Encartes em jornais e revistas
- Quiosques ou estandes de vendas para abordar prospects
- *Mailings* para abordagens por telefone
- Distribuição de brindes em troca de uma visita
- Malas diretas
- Anúncios no Google e em mídias sociais
- Publicações regionais

Para saber qual funciona melhor para o seu negócio, é preciso testar. Malaghan afirma que todo vendedor ou empresa é competente em pelo menos um método de prospecção, ou então não estaria no mercado – e você pode aderir a mais de um método para aumentar seu alcance. No meu caso, sempre fui muito forte no método de indicação, "amigo indicando outro amigo". Mais à frente explicarei com mais detalhes este método.

Finalizo com uma frase de Michael Malaghan: "Dê ao seu vendedor uma oportunidade de vendas, e ele vende hoje; ensine seu vendedor como encontrar suas próprias oportunidades de vendas, e ele venderá diariamente".

ABORDAGEM

Depois de prospectar, saber para quem você falará, é preciso ter a técnica certa de abordagem. E aqui a atenção e execução assertiva são fundamentais. Pois o vendedor pode perder a oportunidade de venda por erros técnicos.

Vou dar o exemplo de abordagem que geralmente encontramos no varejo convencional.

A pessoa (um prospect) entra numa loja de varejo e é abordada pelo vendedor:

— Bom dia, posso ajudá-lo em algo? — diz o vendedor.

— Obrigado, só estou dando uma olhadinha — responde o prospect.

— Está o.k., qualquer coisa pode me chamar — afirma o vendedor.

Você já foi abordado assim? O que acha desta abordagem? Será que poderia ser melhor?

Digo a você que com certeza poderia ser melhor. Lógico que você deve ajustar a abordagem ao produto e ao canal que está vendendo. Mas minha visão é que existem alguns erros técnicos nesta abordagem e, por isso, ela deve ser melhorada.

Minha análise crítica:

- Na venda, não se deve fazer perguntas fechadas, que não se tenha certeza da resposta. Você pode fazer perguntas fechadas desde que esteja certo da eventual resposta. Quando você pergunta "Posso ajudá-lo em algo?" e o prospect responde com um "Obrigado, só estou dando uma olhadinha", é o mesmo que dizer "não". Esta, eu diria a você, seria a resposta da maioria das pessoas!

98 VOCÊ NASCEU PARA VENDER MUITO

- Procure utilizar perguntas abertas, que são perguntas sobre as quais o potencial cliente deve pensar para responder, não sendo possível responder com sim ou não.
- Em resumo, este exemplo que citei é uma abordagem fraca e desestruturada.

Talvez eu não consiga ajudá-lo de forma muito específica, mas posso lhe dar alguns exemplos do que faço em meus negócios e, com isso, lhe dar um direcionamento.

a. *Venda de filtros de água*

- Bom dia, tudo bem?
- O senhor está procurando filtros para tirar quais tipos de contaminantes da água?
- Que tipo de sistema de filtração de água o senhor possui em sua residência?
- O senhor já fez algum teste de cloro, sedimentos ou turbidez na água que sai de sua torneira?
- Quando foi a última vez que o senhor lavou sua caixa-d'água? Estava muito suja?
- Por que o senhor não consome água da torneira para beber?

b. Venda de treinamentos

- Numa escala de 0 a 10, quanto as pessoas que trabalham na sua empresa investem em capacitação?
- O senhor tem interesse em mudar a vida dos seus funcionários?
- Você acha que é importante investir em capacitação?
- Quando foi a última vez que você investiu em seu desenvolvimento?

c. Venda de franquias

- Você tem sonhos? Quais são os seus sonhos? O que você está fazendo hoje dá base para realizar seus sonhos?

- Fazendo o que faz hoje como você se enxerga financeiramente daqui a cinco anos?

São perguntas que fazem o prospect pensar, diminuindo a probabilidade de ele dar respostas evasivas. Lembre-se: cada produto e cada canal pode ter suas especificidades, mas algumas dicas podem ajudá-lo a estruturar seu discurso de abordagem.

- Você deve conquistar seu prospect no primeiro minuto, por isso, quero que pense em utilizar as três ferramentas básicas do vendedor profissional.
- Pense em seu pitch de elevador. Dê um motivo forte de por que seu prospect deveria ouvi-lo.
- Crie um repertório de perguntas abertas e/ou fechadas que desperte interesse em seu prospect.
- Diante de uma oportunidade de vendas não a desperdice, pois o custo para tê-la é muito alto.

Minha opinião é que uma abordagem bem feita representa de forma significativa maiores probabilidades de se concretizar a venda. Portanto, capriche na sua abordagem.

Quero que pense e responda como você ou as pessoas que trabalham contigo desenvolvem:

- Quando aborda um prospect, quais são suas primeiras palavras?
- Que tipo de pergunta você faz?
- Quão impactante é sua abordagem?

DEMONSTRAÇÃO

Você se dedicou à prospecção e à abordagem, chegou a hora de demonstrar. A demonstração é o momento mágico da venda, pois é a oportunidade de mostrar a diferença que seu produto, ideia ou serviço pode fazer na vida de seu prospect.

Pensando na técnica Aida, agora é a hora de gerar o desejo no seu futuro cliente. Portanto, encha-se de entusiasmo e energia, coloque brilho nos seus olhos, vá e faça a mais linda e maravilhosa demonstração da sua vida!

Levante a necessidade (ferir) e mostre os benefícios (curar)!

É óbvio que estou partindo do pressuposto de que você domina todas as características e benefícios do produto/ideia que está vendendo, assim como conhece seus concorrentes e a vantagens e desvantagens deles em relação ao seu produto. Mas, mesmo assim, acredito que caiba um lembrete. Seu prospect não compra seu produto pelo que ele é, mas sim pelo que o seu produto faz por ele. Por isso, lembre-se: o que ele compra são os benefícios, não as características do seu produto. Sobre isso, consulte as quatro regras básicas de comunicação que discutimos no capítulo 3.

Seja profissional, procure checar todos os seus materiais de trabalho antes de partir para uma demonstração.

Esse era o *checklist* que eu utilizava para realizar minhas demonstrações:

- Talão de pedido
- Pasta com materiais gráficos para suporte à demonstração
- Materiais de demonstração
- Canetas esferográficas
- Folhas amarelas para rascunho
- Máquina de cartão de débito e crédito
- Cartões de visitas
- Fotos de clientes famosos com o meu produto
- (Se possuir materiais que reforcem sua apresentação, sempre é bom tê-los em mãos, como reportagens, gráficos, testemunhais de uso etc.)

TESTE OU PROVA SOCIAL

Uma vez iniciada a demonstração, você deve dar provas de que seu produto ou serviço funciona. São duas as formas que você pode fazer isso: o testemunhal ou por meio de um teste.

Testemunhal nada mais é do que os depoimentos de clientes que utilizaram seu produto ou serviço e que o recomendam. Quando quiser convencer alguém de algo, utilize o testemunhal próprio e/ou de terceiros e verá a força que esta técnica possui.

Procure observar as propagandas comerciais das grandes marcas. Por que essas empresas contratam pessoas famosas? Por que eles colocam essas personalidades utilizando os produtos? Qual a mensagem oculta por trás destas propagandas?

Na verdade, estas propagandas estão lhe induzindo a acreditar que os produtos são bons. A mensagem subliminar que fica é: se fulano está usando é porque é bom!

Teste ou prova social nada mais é do que a validação das promessas do seu produto ou serviço, de modo a induzir o seu prospect a acreditar no que você está dizendo.

Observe a seguir alguns exemplos de como eu utilizei esta técnica nos produtos que vendi.

- Na venda de filtros, faço o teste com a água que o prospect tem em sua casa. Comparo a água da torneira de sua residência com a água que sai do meu aparelho. Faço o meu prospect beber a água e perceber como o meu produto pode fazer a diferença na saúde da família dele.

- Na venda de colchões, fazia o prospect deitar no colchão e o levava a sentir como seria maravilhoso dormir num colchão como o que eu estava apresentando.

- Na venda de franquias, levo o prospect a franqueado para visitar nossas lojas e conhecer alguns franqueados e utilizo o testemunhal dos meus franqueados para validar tudo o que estou falando ao prospect. O franqueado dá o seu testemunhal dizendo como comprou sua franquia, apresentando as dúvidas que tinha antes de começar, contando como está sua franquia e quantos anos está trabalhando conosco.

O varejo convencional também faz isso. Vou dar alguns exemplos:
- Na venda de sapatos, quando se colocam os sapatos nos pés do seu prospect.
- Na venda de roupas, ao levar a pessoa ao trocador e fazer com que ela experimente a roupa e veja como ficou maravilhosa.
- Na venda de carros, ao levá-lo para o *test drive*.

Se você prestar atenção, perceberá que esta é uma técnica bastante simples, mas que muitos não utilizam de forma metódica. E, muitas vezes, se esquecem de treinar seus vendedores a utilizá-la sistematicamente.

Cada produto ou serviço demanda uma maneira de fazer isso. Basta estudar um pouquinho e você chegará à formula para aplicar esta técnica de modo inteligente nas vendas do seu negócio.

Agora, quero que reflita sobre como você e sua equipe têm utilizado esta técnica.
- Você ensina isso aos seus vendedores?
- Se ensina, repete sistematicamente em seus treinamentos?
- Você se importa realmente com os testemunhais? Você tem vídeos gravados do testemunhal de seus clientes?

NEUTRALIZAÇÃO DE OBJEÇÕES

Você já presenciou alguma destas situações?
- O prospect não disse absolutamente nada sobre o preço, mas o vendedor quis argumentar dizendo que é barato?

HÉLIO TATSUO 103

- O prospect não falou e também não deu a entender absolutamente nada sobre os produtos da concorrência, mas o vendedor soltou argumentos de que seu produto é melhor que o do concorrente?
- O prospect não falou nada sobre a assistência técnica, mas o vendedor insistiu dizendo que sua assistência técnica é melhor?
- Um vendedor que "fala pelos cotovelos", mais parece uma metralhadora em termos de argumentação?

Na verdade, esse tipo de vendedor "atira" para todos os lados em termos de argumentação. Ele não sabe qual é a real objeção, então dispara como uma "metralhadora de argumentos".

De fato, o que falta para esse profissional é mais preparo e técnica no tratamento das objeções. É sobre isso que vamos tratar agora. É importante que saiba que não existe vendedor imbatível, da mesma forma que não há técnicas infalíveis para transpor todas as objeções. O objetivo nesse tema não é dar as respostas mais convincentes para as eventuais objeções, mas lhe ensinar os principios de como você deve se preparar para neutralizar as objeções.

Dicas para lidar melhor com as objeções:

- Faça uma relação das objeções mais comuns que os seus prospects podem lhe apresentar na hora da venda. Ao mesmo tempo, coloque todas as respostas que podem neutralizar essas objeções e tenha-as na ponta da língua.
- Não é possível neutralizar uma objeção se você não sabe qual é. Em primeiro lugar, você deve identificá-la.
- Perguntas são a maneira mais assertiva de detectar uma objeção. Você deve identificar qual a objeção verdadeira, pois muitas vezes o prospect pode estar mentindo sobre suas restrições. Se não for uma objeção real, muitas vezes você a neutraliza, mas isso não adianta de nada.

104 **VOCÊ NASCEU PARA VENDER MUITO**

- Na venda, não devemos argumentar parecendo uma metralhadora, atirando para todas as direções – dessa maneira, parece que o vendedor quer empurrar seu produto e demonstra dúvidas ao seu prospect. É preciso dar "tiros" mais certeiros!

O vendedor profissional obrigatoriamente deve ter três tipos de conhecimentos, se quiser ser mais hábil na neutralização de objeções:

1. Conhecer com profundidade a empresa que representa é de suma importância, porque ela influencia nossas convicções. Se você acredita firmemente em sua empresa, terá mais forças para argumentar quando o seu prospect disser "não".

2. Conhecer os benefícios e características do produto, serviço ou ideia que esteja vendendo é sua obrigação! Se você não conhece, não tem convicção do que o seu produto faz pelo seu próximo, então sua argumentação para o "não" será fraca.

3. Conhecer as empresas concorrentes e seus respectivos produtos também fortalece sua base de argumentações quando for indagado. Procure estudar seus concorrentes e também seu mercado.

Driblar as objeções somente será uma dificuldade a partir do momento em que você não se prepara para o desempenho da sua função. Uma objeção do prospect, se bem utilizada, pode ser aliada do vendedor.

Para finalizar este tema, vou dar um exemplo de objeções que meus prospects me apresentam quando estamos vendendo um contrato de locação dos meus filtros.

- Você pode deixar seu cartão? Eu vou pensar e depois te ligo.
- Não tenho condições financeiras.
- Você pode me ligar mais tarde?
- Não acredito na sua assistência técnica.

- Vou falar com a minha esposa. Te ligo dando a resposta.
- Um contrato de aluguel do filtro por 48 meses é muito tempo!
- Então o produto é alugado, significa que eu vou pagar durante todo esse tempo e o filtro nem será meu?
- Quem me garante que realmente seu produto faz tudo isso que você está falando?

Para todas estas objeções, tenho todo um repertório de respostas prontas que são treinadas até que os nossos vendedores não tenham mais medo dessas objeções. Eu garanto que, se você seguir estas orientações, você e seus vendedores serão muito mais assertivos.

VENDA DO PREÇO

Tão importante quanto vender os benefícios do seu produto, serviço ou ideia é vender o preço!

Dependendo da forma como apresentar o preço, o prospect tem uma percepção diferente. Quero que pense agora em que tipo de sensação você desperta no prospect quando apresenta o preço.

A sensação que desperta no seu prospect é que seu produto é caro ou barato? A sensação é de preço justo? É oportuno comprar agora? Você se preocupa com a sensação que o seu prospect tem no momento em que lhe apresenta o preço? Ou você simplesmente não se importa?

Minha visão é que, mesmo o prospect tendo comprado sua ideia, você deve vender o preço também. Se não fizer isso, serão grandes as possibilidades de seu prospect procrastinar sua decisão de compra. Até hoje ele viveu sem o seu produto. Toda pessoa tem medo de se comprometer e, além do mais, ela pensa: Por que não posso deixar para depois?

106 VOCÊ NASCEU PARA VENDER MUITO

Desse modo, dependendo de como você apresenta seu produto, serviço ou ideia, isso pode ser mais ou menos determinante no fechamento da venda.

É importante que tenha alguns cuidados especiais nesse momento. Veja algumas dicas a seguir.

- Materiais promocionais são peças importantes para este momento da venda. Alguns exemplos comumente vistos: etiquetas com o preço normal, cartazes com o desconto, *folders* mostrando a promoção, visual da loja dando destaque a promoções, descontos e tudo o mais que possa dar a entender por que o prospect deve aproveitar o momento.

- Procure criar vários tipos de campanhas promocionais. Natal, Dia das Mães, Dia dos Pais, Dia das Crianças, Páscoa. Enfim, o calendário está repleto de datas comemorativas que você pode vincular a promoções.

Entendida a importância de se vender o preço, vamos passar ao processo de negociação.

NEGOCIAÇÃO

Diversos profissionais sabem prospectar, abordam corretamente, executam demonstrações belíssimas, levantam o interesse do prospect, despertam o desejo, sabem quebrar as objeções, mas, quando chega a hora de apresentar o preço e começar a negociar, eles simplesmente se perdem, por não ter o mínimo de técnicas relacionadas a esta etapa.

Além de não possuir técnicas, outros fatores comportamentais também podem atrapalhar a negociação. Pode ser a falta de crença em seu produto, falta de controle emocional, medo de perder a venda etc.

Nesta etapa, quero falar sobre o aspecto técnico da negociação e de como deve ser conduzida uma negociação de maneira profissional.

Muitos vendedores acreditam que negociar é dar desconto, é baixar o preço, é saber enrolar o prospect. Não é isso! Negociar significa entender os anseios e os medos do seu prospect, é saber que ele tem receio de se comprometer, é saber que ele procrastina na decisão, é saber que ele tem dificuldades para acreditar no vendedor e que são pouquíssimos vendedores que conduzem para o jogo do ganha-ganha.

Na cabeça do seu prospect ainda existe o paradigma de que uma pessoa precisa perder para a outra ganhar. E, nesse caso, quem perde é ele, por isso tem medo de se comprometer.

Ao contrário do que o prospect pensa, uma negociação só é bem-sucedida quando se tem o jogo do ganha-ganha. Ou seja, uma negociação só é boa quando é boa para os dois lados. Dessa forma, o cliente fica feliz com o negócio, por ter pago um valor justo pelo produto, e o vendedor também, por ter recebido seu ganho em uma condição justa. Quando a negociação termina dessa maneira, tem tudo para se repetir outras vezes. E este é o objetivo: conquistar um cliente não para uma venda apenas, mas um cliente para vida toda.

O benefício do seu produto é o ponto mais importante da negociação, e não o preço. Não tenha dúvidas que o seu prospect deseja o produto ou serviço que você está vendendo. Porque, se você tiver dúvidas, maior será a dúvida do seu prospect. Nunca tenha receio de apresentar o preço: seja confiante!

Para que a negociação flua e seja conduzida de um modo mais natural até o fechamento, quero lhe sugerir um método, testado e comprovado, que aumenta suas possibilidades para conduzir seu prospect ao fechamento da venda.

Esta técnica eu chamo de as três leis da negociação. Para facilitar a memorização sobre elas, quero que você grave em sua mente a palavra escova.

Você deve estar pensando: O que uma escova tem a ver com negociação? Tudo!

108 VOCÊ NASCEU PARA VENDER MUITO

A palavra escova é apenas para lembrar-se das três leis, são elas:

1. **ES**CASSEZ
2. **CO**NTRASTE
3. **VA**NTAGEM

Se você entender a força dessas técnicas e a maneira correta de aplicá-las, se surpreenderá com seus resultados. Mas antes de falar sobre a escova, quero deixar algumas dicas importantes para você.

Procure negociar sempre que possível por escrito. Quando for apresentar o preço e partir para negociação, faça isso por escrito e, de preferência, em um papel amarelo. Mas qual o sentido disso? Simples, quando você escreve facilita a compreensão do prospect, formaliza as informações, além de despertar nele o sentido da visão. Logo ele ficará mais atento à sua explanação. O papel amarelo tem também o objetivo de prender atenção, por ser colorido ele se destacará na mesa de negociação.

Seja frio! Lembre-se, você é o vendedor profissional, você sabe até onde pode chegar. E, se ficar nervoso ou ansioso, terá suas cartas na manga para acessar de forma rápida. Como disse, você é o profissional, então deve manter o controle; fique calmo e tranquilo, demonstre segurança e naturalidade.

Negociação é um relacionamento. Durante ela acontecerá um "bate-bola". É importante ficar atento aos sinais que seu prospect emite, à sua postura e às suas objeções. Prestar atenção ao prospect é fundamental; ouça-o e entenda-o.

Agora sim, vamos falar sobre a escova.

AS 3 LEIS DA NEGOCIAÇÃO

A LEI DA ESCASSEZ

Com certeza você já ouviu no varejo em geral a seguinte frase: "Somente hoje!". Isso é um dos melhores exemplos da lei da escassez.

Diamantes são caros porque são raros na natureza. Por que o ouro vale mais do que a prata? Por que a prata vale mais do que o bronze? Será que é verdade que tudo aquilo que é mais raro é mais valioso? Você acredita que tudo aquilo que é mais abundante tem uma tendência a ser menos valorizado?

Seu prospect entende isso, então quando for anunciar seu preço valorize este aspecto! Seu preço e sua condição de pagamento devem ser escassos, devem ter tempo limitado e, se possível, até quantidade limitada. Pense bem, se elas não forem assim, por que seu prospect deveria fechar a venda neste momento? Numa negociação, o sentimento de perder sempre é maior que o sentimento de ganhar! Se o prospect sentir que pode perder a oportunidade, é mais fácil que ele tome a decisão na hora. A pressa deve ser do prospect, e isso somente ocorrerá quando ele entender que há escassez.

A LEI DO CONTRASTE

Você só percebe a diferença da noite e do dia se puder comparar. Você só consegue saber a diferença entre o calor e do frio se puder comparar. E você também só percebe se algo é caro ou barato se puder comparar. Portanto, é importante que utilize a comparação na hora da negociação.

Você já viu esta prática de preços no varejo em geral?

"De R$ 1.490,00 por apenas R$ 899,00, em 10 vezes sem juros."

Isto é o contraste! Algo é caro ou barato apenas quando se tem comparação. Não esqueça esse ingrediente na negociação.

110 VOCÊ NASCEU PARA VENDER MUITO

Você não vende preço, você vende valor. Para facilitar o entendimento de seu prospect sobre isso, é imprescindível que ele tenha uma referência de valor. Até por instinto, a tendência natural da maior parte dos prospects é dizer que seu preço é caro. Por isso que, antes de chegar ao valor promocional, o vendedor profissional deve vender o produto com o valor de referência. Ou seja, deve criar tanto valor, que o valor normal do produto fique barato, para que assim possa se estabelecer o contraste.

Quando o prospect se convence que seu produto vale um valor mais alto, ao cair para o valor promocional a tendência é que ele tenha a sensação de que está bem mais barato. E isso facilitará muito sua venda. Por isso, o maior tempo deve ser gasto na argumentação de preço de referência, não no promocional. Você deve convencer o prospect que seu produto vale mais do que realmente custa.

Na venda você não diz que o produto está barato, você *faz o prospect perceber* que está barato.

A LEI DA VANTAGEM

"Vou fazer essa condição especial para você." Todo prospect gosta de receber vantagens. Quando você oferece vantagens exclusivas a seu prospect, ele se sente especial. E ele é especial, ele é a pessoa mais especial da vida de um vendedor, afinal é ele quem nos ajuda a realizar nossos sonhos. Por isso, durante a negociação você deve abrir condições especiais, que devem estar guardadas na manga e somente ser empregadas para dar a "cartada final". É preciso aplicá-las como vantagens especiais, mostrando para seu prospect como ele é importante e único. Você deve trabalhar o ego do prospect e usar isso a seu favor.

Para fechar todos estes conceitos, eles devem ser aplicados de maneira profissional e, para isso, o vendedor precisa estar treinado. Você deve escrever seu script de negociação, deve treinar rabiscando vários papéis em simulações que, por fim, deixarão sua negociação mais natural. Um cuidado que se deve tomar é não transformar esta prática em uma negociação de semáforo. Sabe quando fecha o semáforo e aquele chocolate está 10 reais, mas quando o semáforo está para abrir já estão quatro por 10? Isso pega mal e mostra falta de profissionalismo. Por isso, você deve ter boas justificativas para dar descontos como troca por indicações ou uma campanha especial, como Dia das Mães ou Dia dos Pais. Se bem aplicadas, essas leis da negociação lhe ajudarão muito a melhorar seus resultados – caso contrário, o cliente pode se sentir lesado por pensar que eventualmente poderia ter pago mais barato. Ou achar que sempre que "espremer" o vendedor o preço baixará mais um pouco.

Por isso, novamente, escreva seu script, faça a adequação a seu produto, tenha bases de comparação de mercado, treine, depois treine mais um pouco. Quando achar que está bom, treine de novo e vá a campo.

Usei estas técnicas durante as minhas mais de 10 mil demonstrações pessoais nos mais diversos produtos, e garanto que, se bem aplicadas, trazem resultados excepcionais.

No próximo capítulo vamos ver detalhadamente o processo de fechamento da venda e, no capítulo 7, as etapas de pós-venda.

CAPÍTULO 6

O FECHAMENTO DA VENDA É UMA ARTE

Amigos, vamos falar agora sobre o fechamento da venda. Adianto que, neste ramo, cada um tem um conceito muito próprio do que é fundamental para concluir uma abordagem com sucesso. Alguns dizem que fechamento da venda é transformar o "não" em "sim", ou é fazer o prospect comprar, tirar ou concluir o pedido, enfim, não faltam definições.

Venho de uma escola que transforma pessoas tímidas e sem habilidades em vendas em exímios vendedores. Com capacidade para negociar qualquer produto, ideia ou serviço, podendo gerar com isso coisas boas ou coisas más, conseguindo influenciar ou manipular as pessoas. Por isso, acredito em um conceito muito particular, que aprendi ao longo dos anos, do que significa o fechamento da venda:

"Fechamento é o processo de ajudar as pessoas a tomarem decisões que serão boas para elas mesmas."

E o que é ajudar o prospect? Aprendi que ajudá-lo é criar uma conexão entre o sentimento do vendedor e o do consumidor, entendendo a sua real necessidade.

Por que, em minha opinião, esta definição é a que melhor se encaixa para o conceito de fechamento da venda? Explico.

Em uma relação possível comprador *versus* vendedor, o primeiro está em desvantagem em termos de preparação. O vendedor profissional recebe *treinamento para vender*, e a maioria dos prospects não recebe "treinamento para não comprar".

114 VOCÊ NASCEU PARA VENDER MUITO

Diante disso, minha conclusão é que estamos em *posição desigual*. Daqui nasce a minha preocupação em fazer desse processo algo valoroso para ambos os lados.

Porém, o conceito de que fechamento é o processo de ajudar as pessoas a tomarem decisões que serão boas para elas mesmas somente é verdadeiro a partir do momento que o vendedor acredita no produto ou no serviço que está oferecendo. Por isso, o verdadeiro vendedor profissional vende somente aquilo em que acredita.

Mas você deve estar se perguntando: Por que temos que acreditar no produto, serviço ou ideia que estamos vendendo?

Porque o profissional de vendas que trabalha apenas pelo dinheiro, vendendo aquilo em que não acredita, não é uma pessoa que ajuda os outros. Costumo dizer que quem age assim, quem faz simplesmente pelo dinheiro, é na verdade um *mercenário*.

E, meus amigos, mercenários são manipuladores – e manipulação não é ajuda!

O QUE SIGNIFICA MANIPULAR?

Você pode olhar em um dicionário. Manipular significa tratar uma pessoa ou grupo de pessoas com o objetivo de dominar, controlar suas ações para que ajam como você deseja. Essa forma de tratamento tira do outro seu poder de escolha, seu pensamento crítico.

Nós temos excelentes vendedores que utilizaram sua capacidade de vendas para manipular os outros. Um exemplo do que digo é o líder nazista Adolf Hitler, que convenceu o povo alemão de uma crença absurda e arrastou o mundo para a Segunda Guerra Mundial.

Então, perceba que o mercenário fecha a venda por meio do seguinte conceito: é o processo de apresentar uma proposta, uma ideia, um produto, uma visão, buscando somente o benefício próprio, não se importando com as reais necessidades do seu próximo.

Agora, quando o vendedor acredita no produto, no serviço ou na ideia que está vendendo, tudo muda. Pois, neste caso, o vendedor pode ajudar verdadeiramente o seu eventual comprador a tomar uma decisão que será boa para ele mesmo. E isso, meu caro e minha cara, se chama influência.

INFLUENCIAR, VAMOS FALAR SOBRE ISSO

Diferentemente da manipulação, influenciar significa ter autoridade moral, significa ser reconhecido pelo outro como alguém que dá luz às melhores práticas e soluções. O outro escolhe ouvir suas recomendações. Sem entrar na questão religiosa, um homem e grande vendedor que usou sua capacidade de influenciar foi Jesus Cristo. Sua influência foi tamanha que a história da humanidade se divide em dois períodos, antes e depois dele. Ele era um homem que acreditava no livre-arbítrio, que dava o direito de escolha às pessoas — com sua sabedoria, ajudava-as a tomar as melhores decisões, que eram boas não exclusivamente para ele, e sim para elas mesmas.

Ao entender a diferença entre manipular e influenciar e o verdadeiro objetivo do fechamento da venda, podemos seguir para o passo a passo desta etapa.

INTENÇÃO, EXPECTATIVA E SENTIMENTO DO VENDEDOR

Qual é a intenção que existe entre um vendedor e seu prospect?

O que o vendedor deseja? Naturalmente, diria que a intenção dele é vender.

Mas por que o vendedor deseja vender? Primeiro, porque ele almeja ajudar o seu possível comprador. Talvez isso soe até um pouco romântico demais. Porém, se não houver uma intenção genuína por trás da ação, nunca será um grande vendedor, pois sua expressão facial, corporal, seus olhos, seus sentimentos e pensamentos falam no lugar de sua boca. Talvez o prospect não saiba falar o que está sentindo, mas ele sente.

116 VOCÊ NASCEU PARA VENDER MUITO

Por conta disso, já que a intenção do vendedor é ajudar o seu possível cliente, qual é a expectativa que o primeiro deve ter depois de sua apresentação? É esperar como resposta "sim" ou "não"?

Sempre digo que a expectativa é de "sim", mas a realidade na maioria das vezes é "não". Esta palavra vem disfarçada de várias respostas, tais como: "Vou pensar", "Vou falar com minha mulher/meu marido", "Vou analisar e depois te ligo", "Não decido nada na hora" etc. Enfim, a resposta ao vendedor na maior parte das vezes é um "não"!

E por que acredito que você tenha que pensar assim? Vamos lá, responda a algumas questões:

- Seu prospect acredita no seu produto da mesma maneira que você? Sim ou não?
- Ele conhece a concorrência da mesma forma que você? Sim ou não?
- O prospect reconhece a real necessidade de ter o seu produto? Sim ou não?

Bom, se sua resposta foi "não" para estas perguntas, reafirmo que o vendedor deve sempre esperar um NÃO!

Agora, por outro lado, vamos analisar o vendedor:

- O vendedor acredita no produto, na ideia ou serviço que está vendendo? Sim ou não?
- O vendedor conhece os concorrentes? Sim ou não?
- O vendedor sabe da real necessidade de o prospect ter o seu produto? Sim ou não?

Portanto, se sua resposta é "sim" para estas perguntas, digo que o vendedor deve ter sempre como expectativa ajudar o potencial comprador que diz NÃO! O prospect diz "não" porque não entende com tanta clareza o que você, vendedor, entende. Por isso, o que nós vendedores devemos fazer é ajudar o nosso prospect no processo de decisão. E se você simplesmente explica e seu prospect compra, você não vendeu – ele é que comprou.

O comprador está certo quando diz "não" ao vendedor? Eu entendo que sim, ele está correto quando diz "não", e nós temos que ajudar no processo de decisão.

Agora, como transformo o "não" em "sim"?

HABILIDADES PARA PODER AJUDAR

Vamos imaginar que temos uma situação entre duas pessoas que desempenham papéis distintos. Uma delas é um nadador salva-vidas e a outra é alguém que está se afogando. O nadador deve salvar o que está se afogando e, para isso, deve seguir alguns procedimentos.

Qual a expectativa que o nadador deve ter com relação à pessoa que está morrendo afogada? No momento em que o nadador se aproximar do afogado e disser a ele "Fique tranquilo e quieto", "Você vai sair desta situação", "Estou aqui para ajudá-lo e sou um ótimo nadador", será que a pessoa em desespero vai obedecer? É bem possível que não, certo? Aliás, se o nadador for salvá-lo com essa expectativa é possível que ele morra junto com o afogado.

Por que isso acontece? Apesar de o nadador estar fazendo uma coisa muito boa, que é salvar a vida do afogado, naquele instante, quem se afoga não reconhece com clareza a necessidade. Por isso, muitas vezes precisamos ser habilidosos para poder ajudar.

Por que digo que às vezes temos que ser habilidosos para poder ajudar?

Bom, se você fosse salvar a pessoa que estava se afogando, qual seria sua expectativa? Qual técnica usaria para salvá-la? Alguns diriam: "Dou um soco no rosto e a desmaio". Outros poderiam afirmar: "Dou uma gravata no pescoço" ou "Dou uma chave de braço", "Puxo pelos cabelos", "Entro por baixo", "Dou uma paulada", "Jogo uma boia"... Enfim, quem quer ajudar precisa ter habilidades especiais para consegui-lo. Ou seja, a menos que esteja preparado, o risco de morrer junto com o outro é muito grande.

Em vendas é a mesma coisa. Às vezes, temos que ser mais habilidosos com o nosso possível comprador para poder ajudá-lo. Habilidoso significa se antecipar e prever as possíveis reações do prospect, saber neutralizar as objeções e utilizar corretamente as técnicas de fechamento de vendas.

O QUE SÃO AS TÉCNICAS DE FECHAMENTO DE VENDA?

Nada mais são do que uma maneira de conduzir com palavras o prospect ao fechamento da venda. Muitas vezes, o prospect fica naquela situação: "Compro, não compro, compro, não compro, compro, não compro". E o fechamento, digo no sentido figurado, é aquele pequeno toque, com poucas palavras, que leva o prospect à compra!

Vamos aprofundar um pouco.

Apresento a você as dez técnicas de fechamento de venda. Com elas criei e gerenciei grandes equipes de vendas. Foram elas que revolucionaram os meus resultados, tanto na *performance* individual como nos volumes das minhas equipes. Graças a essas técnicas, eu e meus vendedores nos destacávamos dentre a maioria.

Tenho certeza de que, se você estudar, treinar e colocar no seu piloto automático, assim como o meu, seus resultados de vendas vão disparar.

Vamos lá!

DICAS PARA APLICAR COM AS TÉCNICAS

Antes de explicar as técnicas de fechamento de venda vou dar algumas dicas que, junto às técnicas, vão melhorar ainda mais o seu fechamento.

1. *Se você, para concluir a demonstração da sua venda, tem a necessidade de preencher um talão de pedido, nunca retire o talão no final da demonstração, pois isso vai assustar o seu prospect. Costumo dizer que é similar a sacar um revólver e colocar sobre a mesa. Você sempre deve colocar o talão na frente do seu prospect assim que começar a demonstrar, pois, assim, a pessoa vai se acostumando com ele. Afinal de contas, o nome dele vai para lá.*

2. *Lembre-se: "Ferro cola quando está quente". Deu oportunidade, parta para o fechamento! É melhor cedo demais do que tarde demais.*

3. *Fique atento aos sinais de compra. Perguntas feitas pelo prospect podem ser um sinal de compra, portanto preste atenção. Quem não tem interesse, não pergunta! Todo prospect dá sinais mostrando quando está apto a comprar o produto, e esses sinais são fáceis de se identificar. O prospect pode pegar o produto na mão e manuseá-lo como se já fosse seu. Dizer algo indicando como seria se tivesse o produto, pedir para o vendedor repetir algo que já foi dito apenas para ter "certeza".*

120 VOCÊ NASCEU PARA VENDER MUITO

> 4. Se não receber sinais de compra, parta para o fechamento da venda mais cedo realizando a pergunta de fechamento. Caso a investida der errado, reinicie o processo e tente novamente mais adiante. Não desista e tente quantas vezes for necessário.
>
> 5. E quando a pessoa não pergunta, como faço? Ora, meus amigos, quem cala, consente! Parta para o fechamento!
>
> 6. Nunca demonstre que você tem dúvidas se alguém deseja o que está vendendo. Porque maior será a dúvida do outro se assim perceber a sua.

Os maiores vendedores, os profissionais e os vencedores deste departamento têm todo um repertório de técnicas de fechamento de vendas. Alguns, mesmo sem conhecer a teoria, aplicam-na. O propósito de toda técnica de fechamento é levar o potencial comprador até a pergunta de fechamento, fazendo com que se comprometa a comprar o produto/serviço.

Há técnicas e mais técnicas para que isto ocorra. Cada vendedor tem seu próprio estilo de trabalho e seu jeito de convencer. Existe um jeito mais fácil e mais assertivo de fazer, e ele ocorre por meio de um método.

Na maioria das vezes, o que não é planejado e estudado tem grandes possibilidades de fracassar. Fazer as coisas com base nas tentativas e erros é válido, porém, tem um custo muito alto. Em minha vida profissional sempre tentei entender a metodologia, a ciência por trás das práticas. E posso lhe assegurar, valeu a pena!

Os índices de sucesso dessas técnicas são surpreendentes. Não há vendedor infalível, mas posso garantir que sua assertividade no fechamento da venda aumentará muito.

O QUE NÃO É PLANEJADO E ESTUDADO TEM GRANDES POSSIBILIDADES DE FRACASSAR.

VOCÊ NASCEU PARA VENDER MUITO

Porém, antes de explicar, quero contar algo que ocorreu comigo no dia em que conheci as técnicas. Aprendi quando, em um treinamento promovido pela Siamar, empresa de educação e treinamento, o palestrante nos passou um vídeo chamado "Como fechar a venda", que explicava com muita propriedade o tema. Fiquei encantado! Logo depois, o palestrante distribuiu um encarte com as dez técnicas. Achei aquilo o máximo: assisti ao filme e ainda tinha um material para estudar. Mas lembro que uma situação me deixou perplexo. Meus colegas, que também receberam o encarte, estavam fazendo dele um rascunho. Alguns fizeram aviõezinhos e estavam brincando na sala com o material. Para mim, um absurdo. Um conteúdo tão rico e maravilhoso sendo desperdiçado por pessoas que não tinham noção do que aquilo significava.

Talvez eu seja até suspeito de dizer o que estas técnicas significaram em minha vida profissional. Por isso, tornei-me um grande propagador delas. Então, estude com afinco e muito carinho e tenho certeza de que sua proficiência em vendas vai aumentar.

AS DEZ PODEROSAS TÉCNICAS PARA FECHAR SUAS VENDAS

TÉCNICA Nº 1 SOLICITAR

Este é o meio mais direto e eficaz de conduzir um prospect ao fechamento da venda. Esta é a base de todas as outras técnicas. Solicite diretamente interagindo com o prospect. Vá direto ao fechamento utilizando perguntas diretas e objetivas, tais como:

- Quando posso mandar instalar o seu produto? Posso instalar amanhã?
- Por favor, dê um autógrafo aqui para mim?
- Senhor João, qual é o seu sobrenome para que possa preencher seu pedido?
- Senhor Pedro, qual o endereço para entregarmos o produto?

Na verdade, a técnica de solicitar nada mais é do que uma tomada de iniciativa por parte do vendedor para o fechamento da venda. Em síntese, é pedir indiretamente ao prospect uma decisão — e muitos prospects já esperam por esse momento. As pessoas têm certo receio de precipitar-se e fazer o pedido antes do momento certo. E, inconscientemente, acreditam que cabe ao vendedor indicar quando este momento tiver chegado. Mas, por outro lado, alguns compradores precisam de uma abordagem mais sutil.

Lembram-se daquele "Compro, não compro, compro, não compro"? Na hora que você pergunta "Senhor João, qual o seu sobrenome?", quando ele diz o nome, é o toque sutil que significa COMPRO!

POR QUE ESTA TÉCNICA FUNCIONA?

Porque ela conduz o prospect ao fechamento, e você, vendedor, não fica passivo no processo de decisão.

TÉCNICA Nº 2 FORMULÁRIO DO PEDIDO

Hoje em dia não é mais usual o preenchimento de um formulário do pedido, poucas são as empresas que utilizam o pedido físico. Contudo, apesar de não usar mais o papel, utilizo esta técnica nas minhas negociações.

Ao dar início à apresentação de um produto ou serviço, o formulário de pedido deve ser colocado imediatamente em cima da mesa. Isto fará com que o prospect se habitue à presença deste material e não se assuste ao vê-lo tirar um talão de pedidos da pasta de vendas.

A técnica do formulário de pedido é bastante similar à técnica do solicitar. Consiste em fazer perguntas e obter o aval do prospect durante os diversos passos do preenchimento do pedido. A cada resposta positiva o prospect compromete-se cada vez mais, até que basta que você solicite a aprovação para o pedido.

124 VOCÊ NASCEU PARA VENDER MUITO

Durante a apresentação podem ser feitas perguntas que levam ao preenchimento do formulário de pedido. Vamos a elas.

- Aqui, o endereço é rua?
- O seu nome é....?
- Poderia aprovar aqui para mim...?

De novo: atente ao fato de que esta técnica tem que ser utilizada em conjunto com a técnica do solicitar. No momento em que solicita, preenche junto o formulário do pedido.

Respondendo a estas perguntas, o prospect está praticamente dando o aval para que você faça o fechamento. É importante que nessa hora você, vendedor, não hesite em preencher o formulário do pedido. Vá em frente e preencha!

Pode ser que a pessoa indague: "O que você está fazendo?". Alguns vendedores ficam com medo, mas o máximo que pode acontecer nessa hora é o prospect dizer "não" – e o não você já tem! Se ele questionar, diga apenas que está preenchendo o seu pedido. Muitas vezes ele pode dizer: "Eu ainda não pedi nada", "Eu não disse que ia querer o seu produto". Neste caso, responda com outra pergunta: "Mas o senhor não gostou do produto?". Na maioria das vezes, se sua demonstração for maravilhosa, ele deve responder "sim". Assim, volte para a técnica do solicitar e preencha o formulário. "Então, como o senhor gostou do produto, qual seu endereço completo?"

Se você ainda é um vendedor novato, talvez fique com medo. Fique tranquilo, isso é normal. Com o tempo, passa! No começo da minha carreira, não tenho vergonha de dizer que eu tinha até tremedeira. Na medida em que você for praticando, isso vai melhorar.

Lembre-se: se você demonstra dúvida que o prospect quer o seu produto, maior será a dúvida dele. Demonstre firmeza em suas convicções! Você acredita que o seu produto realmente ajudará o seu prospect? Então, seja firme no fechamento!

Óbvio que não é em todas as atividades que o talão de pedido é utilizado. Então, como proceder? É preciso criar situações ou circunstâncias nas quais você consiga – de forma cadenciada – pedir as informações do prospect e fazê-lo perceber que está tomando uma decisão de compra.

Por exemplo, partindo para o fechamento da venda de uma franquia, o vendedor pergunta: "O senhor gostou da franquia?".

"Sim, gostei", responde o potencial franqueado.

"Então, pode me emprestar seu CPF e RG?", avança o vendedor.

"Por quê?"

"É para eu imprimir a COF (circular de oferta de franquia) e lhe conceder o documento de entrega da franquia. O senhor vai fazer em qual cartão de crédito?"

"Fazer o quê?", pergunta o possível franqueado.

"O pagamento da taxa inicial de franquia", prossegue o vendedor.

Em um caso como esse não há um formulário do pedido, mas é como se houvesse.

Outras perguntas que induzem ao preenchimento do formulário do pedido:

"O endereço de faturamento será o mesmo da entrega?", pergunta o vendedor.

"Sim", responde o prospect.

"Qual o endereço, por favor?"

Veja que você pode fazer essas perguntas sem ter um formulário de pedido, mas inserindo os dados no sistema/*software* que utiliza.

No final, ficará claro ao prospect que ele, pouco a pouco, foi concordando com você e conscientizando-se de que estava comprando a solução que você ofereceu.

POR QUE ESTA TÉCNICA FUNCIONA?

O prospect é induzido a tomar uma decisão, e se sua demonstração foi convincente e eficaz, a probabilidade de compra aumenta. Diferente da técnica do

126 VOCÊ NASCEU PARA VENDER MUITO

solicitar, a do formulário do pedido é mais sutil, mais cadenciada e menos assustadora. O prospect responde às perguntas naturalmente, mas sabe que elas são relativas à decisão dele em adquirir o produto.

TÉCNICA Nº 3 OU/OU

O fechamento ou/ou é outra forma de disfarçar a pergunta de fechamento com algo mais sutil e ameno. Nesta técnica você deve utilizar perguntas diretas, porém discretas. Consiste em perguntar qual das alternativas (no mínimo duas) oferecidas é a mais aceitável ao prospect. Qualquer que seja a resposta, ela terá caráter afirmativo e fará com que o prospect se comprometa cada vez mais com a compra. Exemplos:

- O senhor prefere que eu instale o seu produto na quarta-feira ou na sexta?
- A senhora prefere fazer no cartão de débito ou crédito?
- Quer que eu entregue na parte da manhã ou da tarde?
- O senhor prefere pagar com cheque ou dinheiro?

Esta forma de indução é melhor e mais eficiente do que o tradicional "Vai comprar ou não?", pois qualquer uma das respostas significa um "sim" ao processo de compra. Em seguida, é só partir para as técnicas 1 e 2!

POR QUE ESTA TÉCNICA FUNCIONA?

Porque ela é mais uma ferramenta que induz o prospect ao fechamento.

TÉCNICA Nº 4 CHAVE DE BRAÇO

Quando o prospect usa frases evasivas, ele pode muitas vezes estar expondo as suas verdadeiras objeções em relação ao produto ou a ideia que você está vendendo. Pode ser que ele deseje comprar o produto, desde que sua objeção seja sanada, e é função do vendedor ajudá-lo a tomar essa decisão. Para usar esta técnica é preciso conhecer muito bem o produto, suas características e principalmente seus benefícios. Esta técnica não poderá ser usada se o produto não preencher os requisitos apresentados pelo prospect.

Quando o prospect verbalizar uma objeção em forma de pergunta, você deve responder a ele com uma nova pergunta de fechamento, como no caso da venda de um eletrodoméstico:

"Será que a sua assistência técnica funciona?", diz o potencial comprador.

"Se eu provar ao senhor que funciona, o produto lhe interessa?", responde o vendedor.

O prospect pode dizer: "Depende!".

"Mas se eu provar que funciona, o produto lhe interessa?", o vendedor repete a pergunta.

"Sim, me interessa", ele pode responder.

Então, o vendedor parte para o fechamento usando as técnicas 1 e 2: "Seu nome é...?".

Contudo, o prospect também pode dizer: "Você ainda não provou!".

"Mas se eu provar, interessa, correto?", afirma o vendedor.

"Sim, então me prove!"

"Fique tranquilo, me deixe preencher o pedido e aí eu vou provar."

Nesse momento, o prospect pode ficar intrigado. Depois que o vendedor preencheu o formulário, diz: "Rubrique aqui para mim, por favor!".

É possível que o prospect insista: "Você ainda não provou!".

Neste caso, o vendedor pode responder: "Sabe como eu vou provar ao senhor? Eu vou mandar instalar o produto em sua casa; se ele não funcionar, eu devolvo o dinheiro ao senhor, jogo minha pasta fora e nunca mais trabalho nessa empresa! Rubrique aqui para mim!".

Na verdade, a técnica por trás foi neutralizar a objeção utilizando sua credibilidade e partir para o fechamento utilizando as técnicas 1 e 2.

Em outro exemplo, o prospect pergunta sobre o preço: "Seu produto é caro?".

Responda com outra pergunta: "Se for barato, interessa ao senhor?".

Pode ser que ele responda: "Se for barato, sim".

Parta para o fechamento usando técnicas 1 e 2: "Seu nome é...?".

Faça a mesma coisa: parta para o fechamento primeiro, depois se fala sobre preço.

POR QUE ESTA TÉCNICA FUNCIONA?

Porque você transforma uma possível objeção em uma oportunidade de fechamento da venda.

TÉCNICA Nº 5 DUQUE DE WELLINGTON

Muitas vezes, o prospect está realmente em dúvida se o produto será útil ou se é mesmo necessário naquele momento. Você, como vendedor, tem o dever de ajudá-lo a tomar uma decisão.

Esta técnica de fechamento é a única que envolve o prospect psicológica e fisicamente. A tática consiste em fornecer uma folha de papel ao prospect e pedir para que ele faça uma lista de todos os motivos pelos quais deve comprar ou não o produto.

Há dois aspectos importantes a serem observados:

- A coluna do "sim" deve ficar sempre à esquerda. Nesta fase o vendedor deve ajudar o comprador a lembrar de todos os aspectos que ele achou positivo no produto.

- A coluna do "não" deve ficar à direita da folha de papel. Neste momento, o vendedor deve ficar calado e deixar que o prospect preencha essa parte sozinho.

Dê-lhe de um a dois minutos e depois compare o resultado das duas colunas. Na maioria das vezes, os pontos positivos serão superiores aos negativos. Neste caso, é só partir para o fechamento, utilizando as técnicas 1 e 2.

POR QUE ESTA TÉCNICA FUNCIONA?

Porque ela conduz de uma forma racional o fechamento da venda.

TÉCNICA Nº 6 HISTÓRIA INTIMIDANTE

Esta é outra ferramenta para auxiliar os prospects que estão inseguros de tomar uma decisão. Consiste em dar "provas", positivas ou negativas, utilizando casos reais e exemplos de outras pessoas com o objetivo de ajudar o prospect a tomar uma decisão, induzindo-o a fechar a venda.

Conte uma história que o faça se identificar com o produto ou a ideia que você está vendendo.

Um exemplo de quando eu vendia planos de saúde:

"Olha, eu tinha um amigo que, depois de ver uma de minhas demonstrações do plano de saúde – como esta que fiz pro senhor –, me pediu um tempo para pensar. Não procurei-o novamente, acreditando que ele entraria em contato, e acabei me esquecendo. O senhor vê, na verdade, nós temos saúde e nunca acreditamos que algum problema possa acontecer conosco. Esse meu amigo estava descendo do carro, a caminho da padaria, e o que aconteceu? Uma bicicleta veio descendo e atropelou-o na contramão. O guidão da *bike* entrou na lateral da cabeça dele. Ele precisou de socorros médicos na hora e não tinha plano de saúde. Daí, surgiram dois problemas: ele não sobreviveu à fratura e ainda deixou a conta do hospital para a viúva pagar. O que eles fizeram para pagar a conta do hospital? Como não tinham plano de saúde, muito menos dinheiro, tiveram que vender a casa para quitar a dívida."

130 VOCÊ NASCEU PARA VENDER MUITO

"Desculpe, mas não posso deixar de insistir, sua família é a coisa mais importante que o senhor tem na vida, vamos protegê-los!"

"Senhor Fulano, o nome do senhor é Fulano do quê?"

Neutralizou a objeção com uma história intimidante, agora parta para o fechamento com as técnicas 1 e 2.

É de fundamental importância utilizar dados reais para criar uma história intimidante. No caso dos produtos ou ideias, podem ser citadas reportagens de jornais, revistas e TVs relatando os problemas que eventualmente seu produto ou ideia possa resolver.

Um bom exemplo para vender filtros de água é o caso, divulgado nacionalmente, dos garotos que foram sugados por uma caixa-d'água, em São Paulo, e os corpos ficaram presos lá por dois dias, enquanto os moradores locais consumiam a água normalmente; ou a reportagem veiculada pela TV mostrando os perigos para saúde de se beber água armazenada em caixas-d'água de amianto. Para ter estas informações, o vendedor deve estar sempre atento, seja recortando matérias de jornais e revistas ou gravando reportagens de TVs, para utilizar os dados na hora do fechamento da venda, reforçando a importância de o prospect ter o seu produto e, consequentemente, mais segurança em seu dia a dia.

POR QUE ESTA TÉCNICA FUNCIONA?

Ele leva o prospect a se imaginar sem ou com o seu produto e aumenta a vontade da pessoa em adquiri-lo — e todos os benefícios que acompanham a aquisição.

TÉCNICA Nº 7 A VENDA PERDIDA

Após receber uma resposta que pode ser considerada uma objeção definitiva, o vendedor deve reconhecer a impossibilidade da venda e, por meio de uma solicitação sincera, perguntar ao prospect em qual aspecto falhou ou qual característica do produto o prospect eventualmente não tenha gostado.

Esta é uma boa tática para descobrir uma objeção que esteve oculta o tempo todo. Faça com que o prospect verbalize sua objeção e então reinicie o processo de venda até chegar novamente à pergunta de fechamento.

Vamos a um exemplo prático!

"Se eu tivesse ido bem na apresentação destes produtos, o senhor estaria ansioso para comprá-los, uma vez que o senhor está pensando na sua saúde e na de sua família. Mas não é este o caso. O senhor não deseja realizar a aquisição, e por isso a culpa é minha. Lamento muito. Para não incidir no mesmo erro, poderia me dizer onde eu errei? Por favor, me diga, não gostaria de desapontar meu próximo cliente."

Ao ouvir este tipo de argumentação, o prospect pode acabar externando qual a sua objeção real. Vamos continuar com o exemplo.

"Na verdade eu não fiquei muito satisfeito com a durabilidade do seu produto", ele pode responder.

O prospect, em vez de dizer a sua real objeção, ele diz "não", por isso é importante descobrir qual a real objeção. Se for possível superar essa objeção, a venda ainda pode ser fechada. Reinicie todo o processo e parta para a pergunta de fechamento.

POR QUE ESTA TÉCNICA FUNCIONA?

Para ir para o fechamento, é importante descobrir e neutralizar a objeção e a técnica da venda perdida pode ajudá-lo nesse sentido.

TÉCNICA Nº 8 PROCESSO DE ELIMINAÇÃO

Esta técnica é utilizada quando você, vendedor, ainda não descobriu a objeção real. Por processo de eliminação, através de perguntas, o vendedor vai descartando

132 VOCÊ NASCEU PARA VENDER MUITO

o que pode estar impedindo o prospect de fechar a venda. Nesse caso, cada vez que o prospect diz "não", significa, na verdade, um "sim". Veja os exemplos:

"O senhor não gostou do produto?", quer saber o vendedor.

"Não, não, não é isso", responde o prospect.

"Foram os benefícios que desagradaram ao senhor?"

"Não, não, não é isso", repete o prospect.

"Foi algo que eu tenha dito que não o agradou?", insiste o vendedor.

"Não, não, não é isso", volta a dizer o potencial comprador.

"Então qual é o motivo?", quer saber o vendedor.

Faça as perguntas até encontrar a verdadeira objeção do prospect. Descobrindo o motivo, reinicie o processo até conseguir chegar à pergunta de fechamento. Descoberta a objeção, neutralize-a e parta para as técnicas 1 e 2.

POR QUE ESTA TÉCNICA FUNCIONA?

Porque cada vez que o prospect vai falando "não", na verdade, ele está descartando uma objeção para não comprar. Ela também induz o prospect a revelar sua real objeção. Lembre-se, isso não significa que a pessoa vá revelar a sua real objeção, mas utilizando esta técnica a probabilidade de você desvendá-la aumenta.

TÉCNICA Nº 9 VOU PENSAR

Todo prospect diz que vai pensar. Na verdade, ele não tem coragem de dizer "não" e utiliza o "Vou pensar" para adiar a decisão para outra hora ou para despistar o vendedor.

Quando o prospect disser "Vou pensar", parabenize-o pela decisão e reinicie o processo de venda, conduzindo-o, por meio de um diálogo positivo e utilizando o processo de eliminação, para esclarecer a objeção verdadeira.

Todo processo de fechamento leva a uma pergunta de fechamento. Após fazer a pergunta de fechamento, cale-se e fique imóvel. Não há pressão maior do que o silêncio. Se você não falar primeiro, o prospect falará, e neste caso ele dirá "sim" ou irá expor sua real objeção. Vamos a uma simulação.

O vendedor fez a apresentação, explicou os benefícios do produto, mas o prospect ainda não se decidiu e diz:

"Eu vou pensar."

"Isso é ótimo! Não gostaria que tomasse uma decisão apressada sobre uma coisa tão importante. O senhor não iria pensar se não tivesse realmente interesse no produto, não é verdade?"

"É, tem razão. Vou dar ao assunto especial consideração."

Depois, faça uma pergunta direta olhando nos olhos do seu prospect e pergunte.

"O senhor não iria pensar se não tivesse gostado do produto, não é verdade?"

"Sim", responde o prospect.

Então, olhe nos olhos dele e pergunte: "O senhor vai pensar por quê?".

Nesse momento você vai perceber se o prospect diz a verdade ou não. Pode ser que nesse instante ele revele a objeção verdadeira, e aí você tem condições de neutralizar e partir para o fechamento. Se mesmo assim você não descobrir a objeção verdadeira, volte para a técnica do processo de eliminação.

"Para que o senhor tenha em mente todos os fatos, poderia me dizer em que pontos eu deixei de satisfazê-lo? O senhor tem dúvidas quanto aos benefícios do produto?"

Perceba que você vai e volta nas diversas técnicas de fechamento de venda.

POR QUE ESTA TÉCNICA FUNCIONA?

Porque toda vez que você pergunta "Por que" olhando nos olhos do seu prospect, o "Por que" bloqueia pensamentos e induz o prospect a falar a verdade. Tente

134 VOCÊ NASCEU PARA VENDER MUITO

se recordar das crianças perguntando cada vez que você dá uma resposta negativa a elas. Por quê, por quê, por quê?

TÉCNICA Nº 10 OBJEÇÃO FINAL

Esta tática tem por objetivo conseguir fazer com que o prospect concorde que há uma única razão para ele não comprar o produto. Identificada a objeção, peça para o prospect repetir e ouça-a atentamente e tenha certeza de ter compreendido.

Depois que o prospect verbalizar a objeção, peça para ele explicar porque esta objeção é tão importante assim. Ao reapresentar sua objeção, ela pode começar a parecer insignificante até para o próprio prospect. Caso contrário, a objeção é legítima e caberá ao vendedor vencer este obstáculo com outras técnicas e benefícios.

E fique bem atento: você, como vendedor, só pode utilizar a técnica da objeção final se tiver consciência de que realmente pode satisfazer a necessidade do prospect superando a objeção.

Veja como agir nesta simulação:

"Enquanto eu não ficar satisfeito neste ponto não haverá negócio", diz o prospect.

"Então é isto, senhor? Olhe, só para ter certeza de que entendi bem, essa observação que o senhor fez sobre nossa assistência técnica é tão importante que anula todos os benefícios que o produto pode trazer para a sua saúde e a de sua família?"

"Receio que sim..."

"Foi apenas a questão da assistência técnica que impediu a nossa negociação?"

"Certamente, o produto é muito bom, mas lamento!", diz o prospect.

"Só para esclarecer, o senhor poderia explicar novamente para que eu entenda por que é tão importante?"

Assim que o prospect explicar o motivo mais uma vez, reinicie a demonstração, esclareça todas as suas dúvidas e conduza-o ao fechamento.

POR QUE ESTA TÉCNICA FUNCIONA?

Não tem como partir para o fechamento da venda se você não neutralizar a objeção.

Com estas técnicas, sua taxa de conversão de vendas aumentará muito. No entanto, não basta vender uma vez para cada prospect, queremos que ele continue consumindo de você – e cada vez mais. Você quer conquistar resultados melhores e, para isso, é preciso passar ao próximo nível: o da pós-venda e gestão das vendas.

CAPÍTULO 7

O CLIENTE SATISFEITO

Ser bem-sucedido em vendas vai além do primeiro SIM do cliente, mas contempla o SIM RECORRENTE, ou seja, a fidelização do seu prospect e, a partir dela, a vinda de mais prospects que cheguem até você por meio de indicação. Vamos ver como você pode aumentar esse ciclo de prosperidade.

CLIENTE SATISFEITO RECOMENDA

Muitos vendedores acordam motivados, com fé em seu potencial, acreditando em seu trabalho. Levantam cedo, se preparam, e quando saem de casa percebem que não têm nenhum ou poucos prospects para visitar. Então saem desesperados, "à caça" de uma pessoa para ouvi-los. E, infelizmente, esta estratégia na maioria das vezes não funciona. Então, chega o final do dia e toda aquela motivação se transforma em frustração. Talvez você já tenha passado por esta situação e sabe o quanto isso é ruim.

Uma das diferenças que separa os vendedores amadores dos profissionais é a capacidade que os vendedores profissionais têm de gerar *leads* (novas oportunidades de vendas), gerar novas visitas. Vendedores profissionais entendem que, na maioria dos casos, ter quem visitar é mais difícil que efetuar a venda em si. Entendem que vendas são sempre resultado de um esforço. Quase todos os tipos de vendas se encaixam em uma metodologia chamada *funil do esforço da venda*, que retrata exatamente o que estou dizendo.

VOCÊ NASCEU PARA VENDER MUITO

Vou dar dois exemplos: um que utilizo em uma das minhas empresas, e outro, do varejo comum.

Vamos ao exemplo de uma das minhas empresas. No caso, a empresa que vende filtros de água no sistema de venda porta a porta, etapa por etapa.

- **Etapa 1 – DK (*door knocking* ou porta batida):** os vendedores batem de porta em porta.
- **Etapa 2 – AP (*approach* ou abordagem):** prospects atendem o vendedor.
- **Etapa 3 – DM (demonstração marcada):** prospect aceita marcar uma demonstração.
- **Etapa 4 – DE (demonstração executada):** prospect recebe o vendedor para a demonstração.
- **Etapa 5 – VD (venda):** prospect compra o produto.

Em resumo, uma *venda* (VD) é fruto de uma *demonstração executada* (DE), que é fruto de uma *demonstração marcada* (DM), que é fruto de uma *abordagem* (AP), que é fruto de uma *porta batida* (DK). Entendeu a lógica?

Na venda de filtros porta a porta, tínhamos que bater (DK) em quarenta casas, para conseguir abordar (AP) vinte casas, para conseguir marcar (DM) com sete casas, para conseguir três demonstrações executadas (DE) e para sair, no final do dia, com uma venda (VD).

Agora vamos aplicar a mesma lógica a uma loja do varejo convencional, no caso, uma loja de roupas no shopping:

- **Etapa 1** – Prospect entra na loja.
- **Etapa 2** – Vendedor aborda o prospect.
- **Etapa 3** – Vendedor demonstra o produto.
- **Etapa 4** – Prospect experimenta a roupa.
- **Etapa 5** – Prospect compra o produto.

Não é a mesma lógica? A venda não é fruto de um esforço?

Agora que você entendeu a lógica, perceba que quanto mais você desce no funil, menor é seu esforço.

Veja no caso da venda de filtro. O melhor seria se pudéssemos ir direto à DM ou à DE, pois o esforço seria muito menor. É possível fazer isso?

Sim, lógico que é possível!

A maneira mais fácil para fazer isso é ter indicações quentes em suas mãos. Indicações quentes são referências dadas pelos seus clientes. E como fazer para os clientes indicarem?

Apresento a você duas dicas que podem ajudar a fazer com que seu cliente indique seu produto/serviço/ideia:

1. É importante que ele esteja satisfeito com você.

2. Você tem que saber pedir, e no caso aqui me refiro a técnicas para pedir.

Por que as indicações são tão importantes? Porque elas diminuem os esforços para se fazer a venda e melhoram a produtividade do ciclo da venda.

O CICLO DA VENDA

Talvez você nunca tenha ouvido falar no conceito de ciclo da venda, mas ele é peça fundamental para o seu sucesso no mundo das vendas, pois, se aplicado corretamente, ele lhe ajudará a diminuir seus esforços e garantirá o máximo de aproveitamento de seu tempo.

O ciclo da venda parte sempre de uma *venda*, que após fechada deve ser seguida do pedido de indicações, estas indicações se tornam *leads* e passarão para a próxima etapa, que é a *demonstração marcada* (DM), a DM se transformará em possíveis *demonstrações executadas* (DE), que poderão se tornar novas vendas.

É óbvio que para cada empresa e para cada produto há uma lógica de assertividade e etapas diferentes. Mas, como exemplo, vou relatar como funciona na minha empresa de filtros. Cada venda gera, em média, até dez novas indicações; dez indicações geram oito visitas agendadas; oito visitas agendadas se transformam em seis visitas executadas; e seis visitas executadas se transformam em duas <u>vendas</u>. Perceba então que, ao iniciar o ciclo corretamente, é possível uma venda dar origem a duas novas vendas. Isso acontece porque quando você passa a trabalhar desta maneira, passa a visitar menos e a vender para amigos de seus clientes. O que tornará seu trabalho muito mais fácil, uma vez que você pode usar a credibilidade deles a seu favor.

Entendendo o processo e aplicando corretamente o ciclo da venda, você garantirá um funil de vendas com muito menos esforço.

Se você sente que poderia produzir mais, e que muitas vezes não tem a quantidade de visitas que conseguiria realizar, é porque algo está errado.

Resumindo, toda vez que você executar uma venda, colete uma indicação! Preste atenção no que estou dizendo, *colete uma indicação*! Tenha em sua cabeça, você não pode sair do cliente sem o mínimo de uma indicação.

Se você não coletar indicações, você estará quebrando este círculo. Logo, terá que "caçar" novos prospects ou ficará com seu dia ocioso. O vendedor profissional sempre tem em sua agenda mais visitas para fazer do que sua capacidade de visitar.

Agora que você já entendeu a importância do ciclo da venda, deve entender que sua base é a coleta de indicações. Coletar indicações, apesar de parecer algo simples, na verdade exige uma certa habilidade e uma metodologia específica. Deve ser tratado como uma nova venda. E sair de um cliente sem pegar indicações no mundo das vendas é um verdadeiro "crime". Neste sentido, quero lhe ensinar algumas técnicas e metodologias para coletar indicações de modo profissional.

Iremos dividir em dois grupos, que chamamos de *indicações* e *mapinha*. Vamos entender como eles funcionam.

AS INDICAÇÕES

Como já disse, coletar indicações deve ser tratado como uma nova venda. E há várias técnicas para isso. Porém, o mais importante é se lembrar de que a empatia é fundamental nesta tarefa. O cliente sabe que, ao pegar indicações de seus amigos e conhecidos, você os visitará; portanto, se sua visita não tiver sido agradável e de fato ajudado o cliente na solução de seu problema, dificilmente ele o indicará para outras pessoas.

Algumas regras são importantes ao coletar indicações:

- Pegue indicação apenas de quem comprou seu produto. Não adianta receber uma indicação de quem não comprou. Na hora do fechamento, com certeza o indicado perguntará algo do tipo: "Meu amigo escolheu esse modelo também?" ou "Meu amigo comprou o produto?". Nessa hora, dizer que ele não comprou esfriará muito sua venda, e mentir não pode ser uma opção – vendedores profissionais não mentem ou omitem nada de seus clientes.

- Busque o máximo de informações possíveis. Procure saber, além do nome, telefone e endereço, quantas pessoas residem na casa e a profissão delas, e qualquer outra informação que possa lhe ajudar na hora da venda. Imagine que eu venda purificadores de água, por exemplo. Saber se alguém

SER BEM-SUCEDIDO EM VENDAS VAI ALÉM DO PRIMEIRO SIM DO CLIENTE, MAS CONTEMPLA O SIM RECORRENTE.

na casa já ficou doente por causa da água seria um diferencial na hora da demonstração. Caso você venda suplementos alimentares, pense quão valioso seria saber se alguém tem sobrepeso ou problemas de circulação. Se você for apresentar uma oportunidade de negócios, deveria saber se alguém na casa já empreendeu ou se tem vontade de empreender. Ou se alguém está desempregado. Enfim, quanto mais souber sobre suas indicações, mais informações úteis você pode dar ao seu novo prospect.

- Saiba dar preferência. Quando pegar as indicações, saiba segregar e dar preferência àquelas com maior probabilidade de venda, levando em conta o perfil e o potencial de compra dos indicados. Também deve levar em conta a logística. Pense em suas visitas como uma rota. Nunca se esqueça que, para um vendedor profissional, hora trabalhada é hora na frente do cliente; portanto, evite ficar perdendo tempo com deslocamentos.

Agora, lhe ensinarei três formas básicas para coletar indicações. Cada uma se encaixa melhor em um tipo de perfil de cliente. E cabe a você ter a sensibilidade para escolher a mais assertiva.

1. **Forma direta:** a mais simples e objetiva. Trata-se de um pedido direto, seguido de um argumento que leve segurança para o cliente se sentir mais tranquilo e confiante em lhe ajudar.

    Vendedor: — Senhor João, antes que eu vá embora, será que o senhor consegue me ajudar?

    Cliente: — Se estiver ao meu alcance...

    Vendedor: — Como viu, na minha empresa fazemos um trabalho diferenciado com nossos clientes. Não vendemos qualquer produto. Nós entendemos a necessidade do cliente e indicamos o

144 VOCÊ NASCEU PARA VENDER MUITO

produto certo. Mas, para isso, precisamos visitar o cliente em sua residência para sabermos indicar a melhor solução. Com certeza o senhor conhece mais algumas pessoas que, assim como o senhor, também precisam conhecer os benefícios deste produto incrível. Então, poderia me ajudar com o nome e telefone de uns dez destes seus amigos?

Cliente: — Não gosto muito de ficar indicando, vai que a pessoa não pode lhe receber...

Vendedor: — Fique tranquilo. Eu só pego o nome e o telefone, depois eu ligo para a pessoa, explico o trabalho, e somente vou visitá-la se ela concordar. E, como já disse, só realizo visitas com hora marcada. E se ela não quiser a visita não tem problema, senhor João.

Cliente: — Bom, vou ver se lembro de alguém.

Vendedor: — Pegue seu celular, por gentileza, com certeza o senhor vai se lembrar de muita gente.

Cliente: — O.k.

2. **Forma emocional:** a maioria dos clientes gosta de ajudar e tem bom coração. Um vendedor profissional sabe disso e usa esta característica a seu favor. Para isso, deve-se usar todo seu carisma para encantar o cliente e trazê-lo para seu lado. Nessa técnica, o vendedor deverá cativar o cliente a ajudá-lo em suas conquistas, deve fazer com que o cliente sinta que está lhe ajudando.

Vendedor: — Senhor João, antes que eu vá embora, preciso muito da sua ajuda. Posso lhe pedir um grande favor?

Cliente: — Se estiver ao meu alcance...

Vendedor: — Como viu, na minha empresa fazemos um trabalho diferenciado com nossos clientes. Não vendemos qualquer produto. Nós entendemos a necessidade do cliente e indicamos o produto certo. Mas, para isso, precisamos visitar o cliente em sua casa com hora agendada, para ter o tempo necessário para indicar a melhor solução. Inclusive, nossas metas não são somente de vendas, elas são contadas por demonstrações; ou seja, para atingir minhas metas, eu preciso realizar no mínimo dez demonstrações como esta por dia, e ainda faltam três clientes na minha agenda para hoje, e mais cinco na agenda de amanhã. Por isso preciso tanto da sua ajuda. Tenho certeza de que conhece algumas pessoas que, assim como o senhor, precisam conhecer os benefícios do meu produto. Quem o senhor conhece que poderia me receber entre hoje e amanhã? O senhor tem parentes aqui no bairro?

Cliente: — Sabe, não gosto muito de ficar indicando, as pessoas que conheço podem se sentir incomodadas...

Vendedor: — Senhor João, olhe essa foto aqui. Está vendo todas estas pessoas no palco? Estes foram os ganhadores da última edição de metas na minha empresa. Este mês eu estou concorrendo e sou um dos fortes candidatos a estar lá no palco no próximo evento. Eu prometi para minha família levar o prêmio para casa. Mas, para isso, preciso muito bater essa meta de visitas, e infelizmente não tenho mais nenhuma visita agendada. Se o senhor me ajudar, não tenho como lhe agradecer. Mas prometo que, se conseguir, vou bater uma foto e trago aqui para o senhor ver, prometo voltar pessoalmente para agradecer, pois isso é muito

146 VOCÊ NASCEU PARA VENDER MUITO

importante para mim. Por favor, pegue seu celular, tenho certeza de que o senhor vai se lembrar de alguém.

Cliente: — Bom, deixa eu ver aqui se lembro de alguém.

Vendedor: — Pode ser um parente. O senhor tem parentes que moram próximos daqui? Amigos próximos? Conhece algum de seus vizinhos?

Nesta técnica, você precisa ajudar o seu cliente a indicar, por isso é importante perguntar sobre quem ele conhece.

3. **Forma lógica:** para clientes menos emotivos e mais racionais esta técnica pode ser mais adequada, e deve ser usada durante a negociação como moeda de troca por descontos, parcelamento ou qualquer outro benefício. Para muitas pessoas é mais fácil assimilar este tipo de troca por indicação desde que entendam que receberão um benefício real.

Vendedor: — Senhor João, vi que o senhor gostou do produto e que o único problema para fecharmos o negócio está no parcelamento, certo?

Cliente: — Correto, este valor mensal está muito pesado para mim.

Vendedor: — Senhor João, infelizmente esse é o máximo de parcelamento que consigo fazer. Porém, se o senhor me ajudar com uma coisa eu talvez consiga uma condição melhor. Se eu conseguir, o senhor me ajuda e fechamos o negócio?

Cliente: — Mas o que seria?

Vendedor: — Fique tranquilo, senhor João, com certeza estará a seu alcance. Se eu conseguir, então, fechamos o negócio?

Cliente: — O.k., mas diga lá, qual é a condição?

Vendedor: – Como viu, na minha empresa fazemos um trabalho diferenciado com nossos clientes. Não vendemos qualquer produto. Nós entendemos a necessidade do cliente e indicamos o produto certo. Mas, para isso, precisamos visitar o cliente em sua casa com hora agendada, para ter o tempo necessário para indicar a melhor solução. Tenho uma meta e preciso visitar mais cinco clientes até amanhã. Contudo, infelizmente, a pessoa que estava me indicando teve um problema, e não consegui fechar a agenda. Portanto, se o senhor me ajudar indicando alguns amigos do senhor que também precisem deste tipo de produto, eu converso lá com o gerente, jogo minha comissão para frente se for preciso, mas faço no parcelamento que o senhor precisa. Estamos fechados?

Cliente: – Mas e se meus amigos não comprarem?

Vendedor: – Isso é minha responsabilidade. Tenho certeza de que se enxergarem os benefícios e forem inteligentes como o senhor, irão fechar. Mas, caso não queiram fechar negócio, o senhor já tem minha palavra e não volto atrás. O parcelamento já está dado. Agora vamos pegar seu celular, por gentileza, estou certo de que se lembrará de muita gente.

Cliente: – O.k.

Agora que já aprendeu formas diferentes de como pegar indicações, é muito importante partir para ação e caprichar no agendamento. Uma dica é tentar agendar ainda de dentro da casa do cliente. Isso transmitirá mais credibilidade. Outra coisa importante é não entregar o real motivo da visita, não falar do produto muito menos de valor. Se fizer isso, as possibilidades de o prospect não

148 VOCÊ NASCEU PARA VENDER MUITO

aceitar a visita aumentam. Quanto menos informação passar ao seu prospect, mais chances terá de conseguir demonstrar. Vamos a um exemplo de como agendar indicações!

Vendedor: — Alô, dona Maria?

Prospect: — Isso, quem está falando?

Vendedor: — É o Hélio, amigo do João. O João casado com Simone, que trabalha no hospital. Tudo bem?

Prospect: — Oi, tudo bem!

Vendedor: — Na verdade, não nos conhecemos, mas estou agora na casa do João e ele me passou seu telefone. Estou ligando porque acabei de mostrar algo para ele, e ele ficou encantado e me disse que vocês também precisam conhecer. Por coincidência, vou estar passando próximo a seu bairro amanhã, no final da tarde. Será que podemos agendar para que eu lhe mostre? É bem rápido, não tomará muito do seu tempo.

Prospect: — Mas do que se trata?

Nessa hora o vendedor deve ser o mais genérico possível, por exemplo, imagine que trabalhe com nutrição.

Vendedor: — Dona Maria, é um assunto ligado à saúde, tenho certeza de que, assim como o João, a senhora também irá gostar e precisa desta informação. Estamos agendados para as 19 horas?

Outro exemplo, imagine que trabalhe com produtos de beleza.

Vendedor: — Dona Maria, iremos falar sobre beleza e bem-estar. Tenho certeza de que, assim como o João, a senhora também irá gostar e precisa desta informação. Estamos agendados para as 19 horas?

Cliente: — Mas é para vender alguma coisa? Não estou podendo comprar nada.

Nessa hora, o vendedor não deve mentir, deve devolver a pergunta para o prospect e manter a curiosidade. Em último caso, deve abrir o real motivo da visita.

Vendedor: — Dona Maria, realmente eu represento uma empresa, mas fique tranquila que meu trabalho é apenas de conscientização e divulgação. Ao final, caso a senhora se interesse, posso deixar um catálogo ou lhe indicar a uma de nossas lojas. Mas, como disse, o senhor João não me passaria seu telefone se não soubesse que a senhora iria gostar. Estamos marcados para as 19 horas?

Uma última dica: na hora fazer o agendamento, certifique-se de que, se a pessoa indicada for casada, o casal esteja junto durante a visita, pois uma das maiores desculpas dos prospects é "Vou falar com minha esposa/meu marido" — mas isso também depende do tipo de produto.

O MAPINHA

O mapinha também é uma forma de indicação. Contudo, na indicação, o vendedor coleta nome de pessoas de vários bairros, ou mesmo cidades. Já no mapinha, só interessam os nomes de pessoas vizinhas ao cliente. Pessoas que possibilitem que o vendedor saia da casa do cliente e vá a pé, na mesma hora, visitar. Esse modelo exige um pouco mais de preparo do vendedor, uma vez que os indicados nem sempre têm tanta afinidade com o indicador. Porém, ele fornece uma vantagem logística incrível, já que, se bem trabalhado, o vendedor consegue passar o dia — ou quem sabe a semana — realizando visitas em uma mesma vizinhança, ganhando tempo e economizando dinheiro de deslocamento.

150 VOCÊ NASCEU PARA VENDER MUITO

Esta técnica recebe este nome pelo fato de que o vendedor deve literalmente construir um mapa da rua ou do prédio do cliente. Isso o ajudará a se localizar e dar preferência às melhores indicações.

O vendedor deve conduzir a conversa como um bate-papo informal e despretensioso, sempre de maneira leve, para que o cliente possa ajudá-lo. De forma sutil, deve explicar a sua real intenção ao final da conversa.

Para ser mais efetivo, o vendedor deve olhar para a vizinhança e memorizar algumas características das casas.

Vamos a um exemplo.

Vendedor: — Seu João, já faz tempo que o senhor mora nesse bairro?

Cliente: — Já faz uns dez anos!

Vendedor: — Nossa, bastante tempo! O senhor deve conhecer todo mundo. Como é mesmo o nome da sua vizinha aqui à esquerda, aquela do portão azul?

Cliente: — É a Maria.

Vendedor: — Legal, e na casa da direita? Aquela com o carro branco na garagem?

Cliente: — É a casa do José.

Vendedor: — Legal, vi que tinham brinquedos também na garagem, tem criança na casa?

Cliente: — Sim, mora ele, a esposa e dois filhos.

Vendedor: — Que bacana, o Senhor realmente conhece todo mundo. Logo na casa da frente quem mora?

Muitas vezes, o cliente pode lhe perguntar por que você está anotando os nomes. Procure dizer a verdade, diga que está anotando pois tem que visitar todas estas pessoas, minimamente, para entregar alguns *folders*. Como ele está perguntando, aproveite para pedir a ele que diga o nome de mais pessoas. Ao final, pergunte se você pode dizer às pessoas que ele também possui seu produto.

Repare que no mapinha eu não pedi indicações de forma direta. Pedi que me ajudasse anotar o nome dos moradores da rua dele; também não disse ao cliente que era ele que estava indicando. Disse apenas que iria falar aos novos prospects que ele já possuía nosso produto. Percebeu que o mapinha é apenas uma forma mais sutil de pedir uma indicação?

O vendedor deve continuar até coletar o máximo de informações possíveis, e, assim que completar seu mapinha, deve partir para ação. E deve buscar a ajuda do cliente quando possível. Isso deve ocorrer já na despedida. Assim que o vendedor estiver saindo, solicita a ajuda do cliente para as visitas da seguinte forma.

Vendedor: — Novamente, senhor João, muito obrigado pela recepção, e parabéns pela compra, tenho certeza de que ficará muito satisfeito com esse produto. Bem, já estou indo, mas gostaria de lhe pedir uma última ajuda. Meu próximo cliente está marcado somente para o final do dia. E, pelo que vi, a dona Maria, sua vizinha, deve estar em casa. Será que o senhor poderia ir lá comigo e apenas me apresentar a ela? Assim como o senhor, tenho certeza de que ela ficará encantada com os benefícios do meu produto. Vamos lá, não precisa nem entrar, somente me apresente, assim estou certo de que ela me receberá.

Cliente: — O.k.

152 VOCÊ NASCEU PARA VENDER MUITO

Perceba que, com o mapinha, o objetivo é usar um cliente para entrar na casa de outro prospect, criando assim referências que ajudarão tanto na entrada, como na conquista da confiança para o fechamento.

Você deve estar pensando: nossa é muita coisa, é complicado. Mas garanto que é tudo muito simples; o que você precisa é treinar. Tenho certeza de que, se aprender e aplicar estes conceitos, suas vendas passarão a outro patamar e você estará no caminho certo para se tornar um vendedor profissional. Então, revisite este material, estude novamente, adapte esses scripts e conhecimentos a seu produto. Depois leia, treine. Treine mais um pouco e aplique. E quando estiver aplicando começará a sentir a diferença.

Tenho certeza de que se você se dedicar a aprender estes conceitos e levá-los para a prática, em um curto espaço de tempo terá mais visitas do que tempo para visitar.

O PÓS-VENDA

Na verdade, pós-venda é o conjunto de atividades, realizadas após a venda, que visam à satisfação do seu cliente. Clientes satisfeitos têm grande probabilidade de fazer uma nova compra, ou até mesmo recomendar seu produto ou serviço a outras pessoas.

Provavelmente você já deve ter ouvido falar que é mais barato manter um cliente do que conquistar um novo. Esteja certo de que é verdade: o maior ativo de um vendedor é sua carteira de clientes. Eles são o que existe de mais valioso ao vendedor profissional.

Mesmo em negócios de bens duráveis, em que a recompra não é tão frequente, a fidelização de um cliente pode gerar novas vendas por meio do fator indicação. Este é um tema muitas vezes negligenciado por muitos vendedores e empresas, e é um aspecto determinante para o sucesso de qualquer negócio de vendas. Sempre as melhores indicações partem de clientes satisfeitos.

É MAIS BARATO MANTER UM CLIENTE DO QUE CONQUISTAR UM NOVO.

O grande segredo está em tornar seus clientes seus maiores vendedores. Eles têm que se tornar verdadeiros fãs da marca e, principalmente, do atendimento que receberão de você, vendedor. Isso fará com que falem bem sempre que tiverem oportunidade, e este testemunhal é uma peça-chave para o aumento das suas vendas pessoais.

Para que isso ocorra, tão importante quanto o processo da venda em si, que deve ter sido feito de maneira correta, é o processo de pós-venda. Por perfil, vendedores normalmente estão sempre em busca de novos desafios, à procura de conquistar cada vez mais e mais clientes e, neste processo, acabam se esquecendo dos clientes que já conquistaram.

Reflita: Você tem guardado todos os dados de seus clientes?

E enquanto cliente, quantos vendedores com os quais você fez negócio já te ligaram para saber se estava tudo bem ou se você ficou feliz com o produto ou serviço? Você já foi a algum médico que, depois da consulta, ligou para saber se você havia melhorado? Se não, já pensou se isso tivesse ocorrido? Como você se sentiria?

Perceba que não é comum a muitos profissionais fazerem o pós-venda, e é por isso que achamos estranho quando alguém o faz. Todavia, digo que estranhamos, mas gostamos de sermos tratados assim.

Como já disse, além de ser mais barato manter um cliente do que conquistar um novo – e de haver a possibilidade de se gerar indicações para novos clientes –, há outros benefícios implícitos. Vou destacar mais dois deles a seguir.

O primeiro é que clientes fidelizados são menos propensos a trocar de marca. Quando você realiza um bom processo de fidelização, cria vínculos que chegam a ser afetivos com o cliente. E esses vínculos passam a funcionar como barreiras a concorrentes, mesmo que ofereçam preços melhores que os seus. Fatores como preço, desde que não sejam diferenças absurdas, ficam em segundo plano quando o cliente já possui uma relação de confiança com a empresa e com o vendedor.

Outro ponto é a possibilidade de realizar *upsell*, ou seja, retornar no cliente e realizar vendas de produtos de maior valor, de modelos mais novos. Uma vez que já existe vínculo e confiança entre cliente e vendedor, o cliente se sente muito mais confortável em comprar mais produtos ou produtos mais caros.

Quando se pensa neste processo, percebe-se que há apenas benefícios em realizar o processo de pós-venda. Para deixar mais simples, apresentarei uma metodologia, um processo, um passo a passo que você pode aplicar no seu dia a dia. E com pequenos ajustes pode aplicar a qualquer produto, independentemente da empresa em que trabalhe. Este processo é dividido em duas fases: *certificação e manutenção*.

A fase de certificação ocorre logo após a conclusão da venda e a entrega do produto ou serviço. Trata-se de garantir que toda a promessa feita durante a venda se realize. É preciso se certificar de que o cliente tenha uma excelente experiência de uso com o fruto de sua venda. Após a venda, muitos vendedores literalmente somem, seja por negligência ou por medo de o cliente desistir e cancelar a compra. A postura deve ser justamente a oposta. Pode ter ocorrido algum problema com a entrega, o produto pode não estar atendendo à expectativa do cliente, podem haver dúvidas na cabeça dele. Enfim, é importante que o vendedor esteja presente. Isto dará segurança ao cliente e ele perceberá que o vendedor realmente se importa com ele. Recomendo fazer no mínimo um contato com o cliente, sempre questionando sobre a satisfação com o que foi adquirido, sanando eventuais dúvidas e deixando claro para o cliente que, qualquer coisa que precise, você estará lá para ajudá-lo.

Uma vez garantido que as expectativas do cliente tenham sido atendidas, agora chega a fase de manutenção. Nesta etapa, o vendedor marcará sua presença para que o cliente o guarde na memória. Para isso, recomenda-se uma ligação ou mensagem mensal. Para não ser "chato", pode-se enviar alguma novidade

156 VOCÊ NASCEU PARA VENDER MUITO

da empresa, como uma campanha especial. Outra dica é usar datas especiais — como Dia das Mães, Dia dos Pais, Natal e, principalmente, o aniversário do cliente, para desejar os parabéns. Isso sempre marca uma excelente impressão. Neste caso, procure fazer o contato cedo, para estar entre os primeiros a se lembrar. Um cuidado é nunca demonstrar um desespero em vender outra coisa. Lembre-se: este cliente você já conquistou, portanto deve mantê-lo, não espantá-lo. Nesses contatos é fundamental que você sempre lembre o cliente de que está lá para o que ele precisar.

Ainda, há as visitas de cortesia, aquelas em que o vendedor passa pessoalmente na casa do cliente para checar o funcionamento daquilo que vendeu. E esta é uma grande oportunidade para pegar novas indicações e reforçar seu ciclo de vendas. Perceba que, na verdade, tudo se trata de acompanhamento, de se fazer presente e garantir a satisfação do seu cliente.

Veja o que acontece com o meu negócio de locação de filtros de água.

Eu alugo filtros no qual o cliente me paga um aluguel mensal de 50 reais. Qual é o maior problema desse *business*? O maior problema deste negócio é o chamamos de *churn*, que é a perda de base de clientes.

Quando podem ocorrer as maiores perdas de clientes? É justamente depois que o cliente acabou de comprar, no início do contrato.

E sabem qual é o maior motivo? São as coisas mais comuns que podem ocorrer, tais como descumprimento de prazo de entrega, insatisfação na instalação do filtro, dúvidas por parte de qualquer formador de opinião que more na residência, não estarem claras as condições do contrato e mais algumas que não vêm ao caso.

Nesse tipo de negócio, o cliente pode cancelar a locação a qualquer momento, gerando um prejuízo muito grande, pois gastamos muito para ter este cliente na carteira. Em negócios com receitas recorrentes, é muito maior a tendência para uma cultura empresarial fortemente voltada ao pós-venda.

Agora, quero que imagine. Já pensou se seu cliente pudesse cancelar seu produto a qualquer momento, mesmo depois de um ano, e você fosse obrigado a devolver o valor pago por ele? Como você trataria este cliente? Quais os cuidados que teria com esta venda? Sem dúvidas, nosso cuidado com o cliente seria muito maior.

É necessário organização e comprometimento em fazer o pós-venda por parte do vendedor. Essas ações farão muita diferença no seu resultado, você se surpreenderá com a força do pós-venda e como ela facilitará suas vendas futuras.

Então, não perca tempo, crie sua rotina de pós-venda, coloque seu plano no papel e ajuste sua agenda para dedicar um tempo diário à manutenção de sua carteira. Lembre-se, cada cliente é como uma semente; se você cuidar bem, se transformará em uma bela árvore e logo dará excelentes frutos.

No próximo capítulo, vamos entender como cuidar da gestão das suas vendas e levar seu índice de produtividade e resultados ainda mais longe.

CAPÍTULO 8

GESTÃO DE VENDAS

ocê acredita que fazer uma boa gestão de vendas seja algo importante? Vejamos: para mim, há três motivos que resumem bem a relevância de se fazê-la.

- **Primeiro:** normalmente, o departamento de vendas é o mais importante da empresa, por trazer divisas, receita e faturamento para o negócio. Diria que a maioria das companhias tem neste departamento sua área mais relevante.
- **Segundo:** aprendendo a fazer gestão você vai aumentar a sua produtividade. O que isso significa? Ora, é fazer mais com menos esforço.
- **Terceiro:** com uma boa gestão, você vai fazer mais dinheiro.

Há dois pontos que devem ser observados quando se vai gerir uma equipe de vendas e que podem impactar negativamente nos resultados. É o que chamo de *problemas comportamentais* ou *técnicos*. São fatores que estão ao nosso alcance e podem ser influenciados por nós.

Além destes, existe um terceiro ponto, o mercado, que está acima de você, fora do seu controle, por se tratar de uma questão relacionada ao cenário macroeconômico.

Mas vamos trabalhar os dois aspectos que estão ao seu alcance. O comportamental está ligado à atitude, a como sua equipe de vendas se comporta. Já o

160 VOCÊ NASCEU PARA VENDER MUITO

técnico está relacionado a como eu desenvolvo minhas habilidades, meu modelo de trabalho. Proponho um exercício para sua reflexão e, ao final, lhe farei uma pergunta. Mas, já adianto, não há uma resposta certa ou errada para ela.

Vamos lá: imagine que eu estou vendendo um determinado tipo de produto. Por exemplo, eu vendo diversos produtos, ideias e serviços, como aparelhos de tratamento de água, prestação de serviço, franquias, perfumes, nutrição, oportunidades de negócios.

Porém, imaginemos que eu venda perfume no canal de venda direta, no sistema porta a porta ou pessoa a pessoa. E que, em um determinado mês, por exemplo, eu vendi apenas um perfume de 140 reais. Este foi o resultado do meu faturamento como vendedor nesse mês, de trinta dias corridos. Agora, lhe pergunto e quero que você faça uma análise do desempenho da minha venda: Este faturamento é um bom ou mau resultado?

A melhor resposta para esta questão é: depende.

Em vendas, para eu atingir determinado resultado há uma coisa chamada funil da venda. O que é isso? Trata-se dos esforços que você tem para realizar determinada venda. Assim, de volta para o exemplo, a venda de um perfume é resultado. Mas o resultado é fruto de uma demonstração executada. Ou seja, alguém demonstrou um perfume para que ocorresse essa venda. Mas, para eu executar uma venda, eu teria que ter uma demonstração marcada, uma oportunidade de realizá-la com alguém que seja tomador de decisão. Mas para ter uma demonstração marcada, eu deveria ter uma abordagem, um *approach*.

Então, eu teria de abordar várias pessoas para conseguir marcar algumas demonstrações. Dessas que eu consegui marcar, nem todos vão me receber. Executo a demonstração para aqueles que me receberam. Destes, nem todos costumam comprar. Um número muito menor do que aquele que eu abordei irá, efetivamente, fechar a compra e gerar o resultado esperado para mim.

Com isso, volto a perguntar, usando o exemplo da venda de perfume. Imagine que naquele mês eu abordei apenas uma pessoa, marquei a demonstração de venda em uma visita na casa do cliente, executei a demonstração e vendi um perfume. Dentro do meu funil de venda, o resultado pode ser considerado bom ou ruim?

Trata-se de um resultado excelente, quando se avalia o esforço para realizar a venda.

Agora, suponhamos que eu tenha conseguido uma venda de perfume no mês, mas tenha abordado cem pessoas, das quais oitenta marcaram uma demonstração de venda em suas casas, mas apenas vinte me receberam. Destas vinte demonstrações executadas, consegui converter apenas uma em venda. De novo, tal resultado é bom ou mau?

O resultado dos exemplos é o mesmo, somente um produto vendido, que é fruto do esforço de venda. No segundo exemplo, porém, o resultado deve ser considerado péssimo, uma vez que foi feito um esforço gigante para uma assertividade muito baixa.

Isto também vale para o varejo. Por exemplo, numa loja de roupas. Há o número de pessoas que entra no local, o número de pessoas que é abordada pelo vendedor, as demonstrações de produtos feitas, como quando o cliente vai para o provador experimentar uma peça, e, finalmente, a venda efetivada – o resultado. Tudo o que veio antes é esforço de vendas.

ENTÃO, ESFORÇO É TUDO

A gestão de vendas nunca deve ser feita pelo resultado. Porque, se você fizer pelo resultado, a análise será superficial. No nosso exemplo do perfume, se fosse analisado apenas o resultado, não daria para saber se ele foi bom ou ruim. Na verdade, o que tem de ser observado é o esforço, que é tudo que vem antes do resultado, e compará-lo com o retorno recebido.

162 VOCÊ NASCEU PARA VENDER MUITO

Há dois tipos de problemas nos exemplos citados. No primeiro caso, em que foi feita apenas uma abordagem, há um problema comportamental. Já no segundo caso, com cem abordagens, o problema é técnico. Vamos desenvolver melhor cada um dos casos.

No primeiro exemplo, há um problema de atitude: o vendedor não aborda, não visita ou não fala do produto dele para os potenciais clientes. Neste caso, pergunto: Adianta dar técnica para um vendedor assim? Para quê? O que adianta ensinar técnica para quem não tem atitude? Ensinar como abordar melhor, como demonstrar melhor, como fechar melhor uma venda não mudará a falta de iniciativa.

No segundo exemplo, no entanto, não falta atitude, já que o vendedor abordou cem pessoas. Conseguiu marcar as visitas com oitenta pessoas e demonstrar para vinte delas. Porém, ele não conseguiu converter, pois vendeu apenas para uma pessoa. Logo, o problema dele é técnico. Ele pode ter problema de fechamento da venda ou de demonstração do produto. Ou na abordagem.

Ou seja, os dois tipos de problemas podem não ser identificados se for feita uma análise rasa, apenas com base no resultado da venda. O bom gestor sabe trabalhar identificando onde está o problema da sua equipe. Quando uma pessoa não performa conforme esperado, qual é o motivo para isso? Comportamental? Se for, pouca coisa pode ser feita. O vendedor pode até ser ajudado a se desenvolver no aspecto pessoal. Por meio de treinamento, de coaching, de análise. Ou seja, há ferramentas de desenvolvimento comportamental. Mas é preciso deixar claro que isso depende do vendedor.

Já se o problema é técnico, a questão é de habilidade, é de como fazer. Posso ensinar a abordar, a demonstrar o produto, a criar o desejo ou a necessidade no cliente. O vendedor pode aprender a entender o roteiro de uma venda ou como desenvolver cada etapa dessa venda. É possível melhorar o fechamento da venda. Há técnicas até para o pós-venda e para pedidos de indicação.

O BOM GESTOR SABE TRABALHAR IDENTIFICANDO ONDE ESTÁ O PROBLEMA DA SUA EQUIPE.

É possível auxiliar tecnicamente e no aspecto comportamental. Portanto, o gestor de vendas não pode tratar coisas diferentes (os esforços de venda) como algo igual, somente com base nos resultados, como vimos nos exemplos da venda de perfume. Na posse de uma análise do esforço de venda, o gestor pode ajudar o vendedor de forma pontual – auxiliando na etapa da negociação que esteja com problema – e, com isso, ser muito eficiente, tanto para os resultados com os quais se comprometeu, como, principalmente, junto a seu liderado que carrega um aprendizado de alto impacto para toda sua carreira.

MUITO PRAZER, EU SOU O KPI

Caros amigos, para se fazer a gestão de venda é preciso que se tenha controles. Se você não tiver anotado quantas pessoas abordou, quantas demonstrações marcou e quantas executou, qual foi o seu nível de assertividade, qual a porcentagem de conversão em venda... você está perdendo uma grande oportunidade de se aperfeiçoar. Tudo o que não tem controle não permite que seja medido. E se não for medido, não pode ser gerenciado. E se você não gerencia, como é que melhora? Nada, portanto, melhora se não tiver controles.

Em gestão isso é chamado de KPI (sigla em inglês para *key performance indicator*), os indicadores-chave de *performance*. Com seus KPIs, você pode melhorar a cada dia o seu resultado e o resultado de sua equipe.

Com este conceito em mente, gostaria de falar um pouco sobre formação de uma equipe de venda direta, uma vez que vivi muitos anos recrutando pessoas para este fim. A venda direta depende do recrutamento de pessoas. E deixo claro que recrutar é como fazer uma venda; no caso, a venda de uma oportunidade de negócios para o vendedor. Por isso, pergunto: Quantos convites para aumentar seu networking – ou seja, sua rede de relacionamento – você faz para o seu negócio por mês?

Vou dar uma dica. Se você é um networker (um profissional de venda direta), alguém que gera resultado por meio de conexões e relacionamento, você tem que colocar uma régua ou meta para bater. E, pela minha experiência, uma meta para um networker profissional deve ser de cem convites por mês, o que daria umas três ou quatro pessoas por dia, em média. Assim, como no exemplo da venda, há um funil neste caso. Quanto mais pessoas eu convidar, se os problemas comportamentais e técnicos forem trabalhados, o resultado também se altera.

Se você fizer isso, colocar uma régua de cem convites por mês, mesmo que não entenda nada de venda direta, em dois ou três anos você deve se destacar. Antes de ser empresário, eu já fazia dinheiro como networker. Aos 26 anos, já ganhava mais de 40 mil dólares mensais. E ensinava os vendedores da minha equipe a ter um KPI na cabeça deles, como se fosse uma tatuagem mental.

Para ajudar com os convites, eu ensinava os vendedores com um conceito que batizei de *regra do dedão*. Como é isso? Você convida quinze, cinco vêm e um fica. Para marcar bem e para que nenhum vendedor esquecesse, eu gesticulava com as mãos. Primeiro, para demonstrar os quinze convidados, colocava as duas mãos abertas e, depois, acrescentava novamente uma das mãos mostrando os cinco dedos, para já indicar aqueles cinco que vêm. Por fim, a mão aberta era substituída pelo dedão para cima, como no símbolo de um "joinha" (o um que fica).

Assim, a minha equipe de vendas tinha que entender que, para serem networkers profissionais, eles tinham que colocar uma régua de cem convites por mês. Ou seja, eles deveriam fazer de três a quatro convites por dia. Não era muito. Porque você tem a oportunidade de convidar pessoas em todos os lugares.

Mas o que fazer primeiro, olhar para a qualidade das pessoas que vou convidar ou para a quantidade? Meu conselho: foque na quantidade. É óbvio que você deve convidar pessoas de boa qualidade também. Procure convidar pessoas do seu nível para cima. Mas, repito, tenha seu foco voltado para a quantidade. Acredite em todas as pessoas. Costumava dizer aos vendedores: ofereça seu produto ou sua oportunidade de negócio a todo mundo que estiver a uma distância de 1,5 metro ou 2 metros de vocês. Se um cachorro abanar o rabinho, já fale com ele e ofereça seu produto também. Isso era para aumentar a pegada da rede e para termos um KPI, um indicador. Assim, eles já sabiam que iriam convidar quinze pessoas, cinco viriam para uma apresentação de negócios e um seria convertido em venda. Portanto, se quero colocar quatro pessoas no meu negócio neste mês, preciso convidar sessenta. Por isso, a gestão da venda deve olhar para o esforço pensando no resultado.

FEIJÕES, ALMOÇO E VENDAS NOTURNAS

Já para as vendas eu tinha outras técnicas. Dizia para cada um da equipe colocar cinco feijões no bolso direito da calça e deixar o bolso esquerdo vazio. E afirmava: vocês têm que chegar em casa com cinco feijões no bolso esquerdo. A cada demonstração executada você passa um feijão de um bolso para o outro. Você pode estar pensando: "Ah, Tatsuo, isso é algo muito infantil!". Mas eu lhe digo, funcionava. Pois colocar uma meta no começo do dia e mobilizar cada um da equipe a buscá-la fazia toda a diferença.

Outra técnica que costumava transmitir à equipe, quando começávamos a trabalhar na parte da manhã: "Nós não vamos almoçar se a gente não vender". E tinha dia que não almoçávamos, pois não tínhamos vendido. Ao colocar um foco para vender, o esforço era outro. "Temos que visitar, temos que convidar, temos que vender".

Em outras ocasiões eu dizia, "Se não vendermos, nós não vamos embora para a casa". Às vezes, dava meia-noite, eu não tinha vendido nada e ficava procurando: "Onde é que eu vou vender?". Como eu já sabia que naquele horário só conseguiria vender em postos de gasolina, carrinhos de hambúrguer ou lojas de conveniência, certa vez tive uma ideia, pois já era alta madrugada. Lembrei dos meus anos de feira livre e fui ao Ceasa, que funciona a noite toda. Nestas horas, parece que o universo conspira a nosso favor. Acabei descobrindo um nicho: vender planos de saúdes para feirantes. Naquele mês fui campeão brasileiro de vendas, pois descobri como vender mais planos de saúde – e de madrugada. É assim que funciona. Por isso, focar no esforço é muito importante.

Há dois conceitos que ensinei a muitos líderes no Brasil. "Se treinar, fica bom". Quando digo isso, estou me referindo ao lado técnico. E a outra frase é "Se visitar, vende". Isto se refere ao aspecto comportamental. A hora que você, como gestor de vendas, começa a entender como funcionam os dois fatores (técnico e comportamental) e passa a identificar isso em sua equipe de vendas, o seu resultado aumenta e melhora.

O QUE POSSO FAZER PARA AMPLIAR MEU POTENCIAL?

Amigos, se alguém saísse por aí perguntando às pessoas quem deseja chegar ao sucesso, provavelmente encontraria uma multidão. No entanto, infelizmente, acredito que poucas dessas pessoas saibam como verdadeiramente encontrar o início da trilha que leva ao sucesso. Assim, como pergunto no título deste tópico, o que você pode fazer para ampliar seu potencial?

Bem, vamos ao início. Para começar é necessário ter FOCO! Mas até aí, todo mundo sabe que isso é importante. É óbvio. Quero falar aqui é de como as pessoas devem fazer, ao meu ver, para ter mais foco. Na minha visão, foco é fruto de um comportamento, e há toda uma sequência para se alcançá-lo. Para ter foco, é preciso ser uma pessoa disciplinada. E para ter disciplina, deve-se ter determinação. E antes disso, é preciso planejamento. Pois sem este último, não adianta nada.

Sobre planejamento, imagine que você está caminhando para determinada direção. Se ela estiver errada, você não vai chegar a lugar algum sem ter se planejado – muito pelo contrário: se seguir pela trilha incorreta, quanto mais velocidade você empregar, mais longe ficará dos seus objetivos. Mas, antes mesmo de você

NÓS, SERES HUMANOS, TEMOS QUE SER SONHADORES, TER O ANSEIO DE UMA VIDA MELHOR.

planejar, é preciso vontade, pois qualquer planejamento demanda trabalho. E é aí que eu queria chegar. Percebo que a muitas pessoas que não têm foco o que falta é a vontade. Mas esta vontade depende do comportamento de cada um. O que nos leva a outra questão: Como faço para ter vontade?

Ora, mas para haver vontade é preciso que haja um sonho, que vem a ser o prêmio que recebo pelo meu esforço, pela minha luta ou pela incredulidade alheia. O sonho é ainda algo que recebo por ter sido disciplinado, por ter tido foco. Ou por ter sido obstinado, por lutar pelos meus objetivos. Enfim, por todas as vezes que beijei a lona. Isso é o sonho para mim... de novo, é o prêmio. O sonho é aquilo que quando imaginamos receber lá na frente, esta imagem bate muito fundo.

Ou seja, é algo que está ao mesmo tempo no âmago da minha mente e nas profundezas do meu coração. É também aquele objetivo que quando penso em sua realização dos meus olhos escorrem até lágrimas. Portanto, ele é o que move o empreendedor. Que faz com que a gente tenha um comportamento vencedor. Que faz com que o empreendedor seja diferente das outras pessoas.

Assim, acredito que para uma pessoa vencer na vida, deve ter essa vontade de fazer as coisas, aliada à disciplina e ao planejamento que nos conduz ao foco, algo importante para produzir mais e melhor. Mas a grande pergunta é: Como faço para ter foco? Para ter foco é preciso ter vontade, e vontade depende de um sonho, de um desejo ardente. O que é isso? Desejo é o pensamento que se mistura ao sentimento. O pensamento mesclado com uma dose muito forte de emoção. Então, vejo que o sonho é o que move o empreendedor.

Como costumo dizer até em palestras, nós, seres humanos, temos que ser sonhadores, ter o anseio de uma vida melhor. Porque se não tivéssemos este desejo, talvez estivéssemos até hoje nas cavernas. Botamos nossa cabeça para funcionar porque algo nos impulsiona. E este algo que nos impulsiona não é o instinto. É a vontade de crescer, de fazer algo a mais.

SONHOS QUE ENCOLHEM

Agora, pensando nas fases da nossa vida, lhe pergunto: Em que época da nossa vida somos mais sonhadores? Para mim, sem dúvida é no período da adolescência. Nessa época, você não é mais uma criança, já tem alguma noção melhor da vida, mas também não é adulto. E quando você não é adulto, acredita que tudo é fácil na sua vida. Por isso somos mais sonhadores.

E quais costumam ser os sonhos da adolescência? Na minha época, os jovens sonhavam em ter um carrão vermelho conversível, uma casa linda e maravilhosa. Outros queriam muito dinheiro, conhecer o Brasil, o mundo, viajar para todos os lugares. Alguns sonhavam em estudar fora do Brasil, ou ajudar a família, dar um plano de saúde ou uma casa própria para os pais. Ou seja, eram muitos sonhos.

Estes sonhos que citei eram os desejos dos adolescentes da minha juventude. Atualmente, os sonhos podem ter mudado um pouco. Há garotos e garotas que não sonham em ser ricos. Querem ter outro estilo de vida, liberdade, tempo livre. São outros tipos de sonhos.

Mas, tanto no passado como atualmente, o que ocorre depois? O que acontece com nossa vida depois da adolescência? Começamos a amadurecer e ficamos adultos. Nesta fase, começa o que chamaria de luta pela vida. Temos que arrumar um emprego. Levantamos pela manhã todos os dias. Trabalhamos oito horas por dia, de seis a sete dias por semana. E passamos dez, vinte, trinta anos fazendo isso. Da forma como nossos pais nos ensinaram, como a sociedade nos ensinou.

Assim, conforme o tempo passa, a pessoa vai compreendendo que aquele carrão vermelho conversível não é tão fácil assim de se conquistar. Assim como a casa linda e maravilhosa ou as viagens pelo mundo. Nada é tão fácil como se sonhava antes. E nesta fase começamos a achatar os nossos sonhos. A diminuí-los. Então, aquilo que nos movia, que enchia o nosso coração, os nossos olhos, a nossa mente, por meio da razão, começamos a ver que não é tão fácil. E começamos a achatar.

O carrão? Não precisa mais ser o carrão vermelho conversível. Pode ser um carrinho popular. A casa linda e maravilhosa? Para que uma casa tão grande? Você já viu o trabalho que dá? Pode ser uma casa bem mais acessível. Fazer uma viagem para o exterior? Para quê fazer uma viagem para o exterior? Vamos para a praia mais próxima ou para o interior, na beira de um rio...

Deste modo, vamos achatando nossos sonhos. E o que acontece com nossa vida é que os anos vão se passando e os sonhos vão sendo diminuídos a ponto de terem o nosso tamanho. O tamanho da nossa mente. E assim criamos uma certa comodidade. Não incomoda mais. Na realidade, não deveríamos fazer isso. Deveríamos deixar nossos sonhos grandes e mudar a nossa cabeça, o nosso intelecto. Aquilo que está por dentro, os tipos de pensamento. Deveríamos encontrar meios e objetivos de alcançar nossos sonhos. Não diminuí-los.

O que ocorre é que muitos adultos pararam de sonhar e estão levando uma vida cômoda. É óbvio que esta pessoa não tem foco, pois ela não precisa. Nem disciplina, pois basta seguir numa rotina comum. Se não tem muitas alegrias, não tem muitas tristezas. E entra numa ciranda muito perigosa. Se você perguntar para alguém assim, se ela tem foco, ela dirá que não tem. Lógico, ela não tem vontade. E ela não tem por quê? Por não acreditar nos sonhos dela.

Então, o que faz o empreendedor ser diferente das outras pessoas? Ele tem um sonho muito forte batendo na cabeça dele. O que o impulsiona não é simplesmente um salário. Muitas vezes ele não olha nem uma tomada de risco. Muitas vezes ele nem sabia que era possível realizar aquilo, mas vai e realiza. Por quê? Porque, acima de tudo, ele tem uma coisa chamada vontade, que é o que o move. E isso faz com que ele tenha determinação. Faz com que gaste tempo voltado para o planejamento, algo que molda o comportamento das pessoas disciplinadas. Do planejamento vem a disciplina para execução. E a execução tem a ver com foco. Logo, o foco é fruto de um comportamento.

CAPACITAR É PRECISO

Por acreditar no potencial das pessoas, meu caro e minha cara, desde que comecei a trabalhar por conta própria em meus negócios, tenho como estratégia buscar a capacitação. Neste sentido, algo que fazemos todos os anos e que recomendo são os treinamentos de desenvolvimento pessoal. Centenas, talvez milhares, de pessoas já passaram por estes treinamentos e afirmam ter mudado de vida. Se você tiver a oportunidade de participar de um treinamento de desenvolvimento pessoal, saiba que há algumas pessoas muito boas no Brasil oferecendo este tipo de capacitação. Basta pesquisar. Ou, se você quiser fazer algo mais estruturado, recomendo um treinamento do escritor e palestrante norte-americano Tony Robbins. Garanto que você não vai se arrepender.

Mas, em paralelo aos treinamentos, acredito que toda pessoa possa investir em seu próprio desenvolvimento por meio da leitura. Como você está fazendo neste momento. Confiando na minha experiência e me permitindo compartilhar contigo alguns ensinamentos que considero preciosos. Ao longo da minha trajetória, muitos livros também me ajudaram a descobrir meu potencial. O autor que mais me motivou neste sentido foi o norte-americano Napoleon Hill (1883-1970). E os dois livros dele que me inspiraram muito a descobrir meu potencial foram o clássico *A lei do triunfo*, de 1928, e *Pense e enriqueça*, de 1937.

A base de tudo aquilo que eu falo sobre desenvolvimento pessoal é de Napoleon Hill. Segundo o autor, temos um potencial gigante adormecido dentro de nós e, muitas vezes, não sabemos como despertá-lo. Embora a chamada Filosofia do Sucesso não tenha sido escrita por Hill nem tenha um autor definido, ele é sempre creditado como o maior divulgador desses ensinamentos.

Gosto tanto desse conceito que se você entrar na minha empresa, por exemplo, verá bem na entrada dela um texto extraído da Filosofia do Sucesso, escrito com letras garrafais. Por isso digo que Napoleon Hill é o autor que mais me inspirou.

UM POUCO DE HISTÓRIA

Para ilustrar um pouco mais tudo isso, deixe-me contar a você um pouco sobre o nascimento da Hoken e sobre como chegamos até aqui. Quase tudo o que ocorreu na minha vida foi acontecendo sem que eu tivesse muitas opções. Em setembro de 1997, por exemplo, quando comecei a Hoken, na verdade, havia ido para São José do Rio Preto, no interior de São Paulo, para dar início a uma nova empresa. Já tinha em mente que ela se chamaria Hoken, mas a ideia era fazer corretagem e vender planos de saúde. Tanto é que a palavra *hoken* significa seguro-saúde em japonês. Ou seja, não tinha nada a ver com filtros d'água.

Quando insisto que não tive opções em muitos momentos da vida é porque, por exemplo, após me desfazer de uma empresa que tinha, recebi mil filtros d'água como parte do pagamento. Diante dessa situação, pensei: tenho que acabar com eles. Assim, antes de começar meu negócio de planos de saúde, abri uma distribuidora e passei a vender aqueles mil filtros d'água. Somente após ter vendido todas as unidades pude seguir com a ideia de vender planos de saúde.

Mas, novamente, as coisas deram errado. Em 1998, o governo mexeu nas regras dos planos de saúde, que era o ramo com que eu planejava trabalhar. E, com as novas normas, acreditei que esse negócio ficaria muito difícil – como de fato ficou. Também não me programei direito e fiz as coisas de maneira um pouco errada. Porém, naquele momento me caiu a ficha: percebi que a equipe de vendas estava se saindo bem com os filtros d'água e decidi continuar naquele ramo.

Ainda em 1998, acabei indo à bancarrota. Fracassei no meu negócio, pois queria lançar um novo filtro d'água, mas ele só foi ficar pronto em agosto daquele ano. Por isso, aquele foi um período muito difícil. Vendi apenas 50 mil reais durante o ano todo, foi o faturamento da empresa toda. Atualmente tenho franqueados que conseguem ganhar 50 mil por mês.

174 VOCÊ NASCEU PARA VENDER MUITO

O vento mudou de direção em 1999. Após lançar o novo filtro, montei uma pequena fábrica onde passei a produzi-los. E no mesmo ano já fui para os EUA com o objetivo de saber mais sobre filtros d'água, além dos modelos que eu tinha aqui no país. Queria entender o contexto mundial, pois imaginava que a minha empresa um dia seria internacional. Meu desejo era ver como isso funcionava em outros países.

Nos EUA, novamente, a sorte soprou a meu favor. Conheci algumas pessoas que me ajudaram. Pessoas que, como eu, estavam começando, mas já tinham negócios na Ásia, como Tailândia e Coreia do Sul. Encontrei parceiros que adaptaram soluções voltadas ao mercado brasileiro e que são até hoje o carro-chefe na minha empresa. São dezoito anos de parceria com algumas destas pessoas.

Ainda em 1999, transformei este modelo numa franquia. Ensinei meu modelo de negócios de venda de filtros a outras pessoas. Passei a ser um fabricante. Não mais uma distribuidora. Este modelo de distribuidora eu formatei num modelo de franquia. E de 2000 para cá começou a expansão com uma explosão do crescimento da rede.

FÉ NO QUE SE FAZ E NAS SUAS CRENÇAS

Se encontrar uma oportunidade é algo valioso, acreditar no seu produto é das coisas mais importantes, se não for a mais relevante de todas. Eu, por exemplo, não consigo vender algo em que eu não acredite.

Para mim, leitores, tudo se resume a isso: crer ou não no que se está fazendo. Se eu acreditar, consigo vender até para quem não acredita em mim. Por outro lado, se eu não acreditar, eu não consigo vender nem para quem acredita. Por isso, mais importante do que saber identificar uma oportunidade é saber no que você crê. Novamente, é você ter uma visão, acreditar nela. E ter criatividade suficiente para implementá-la. Mais do que ter a iniciativa, como diz a dona Luiza Trajano, do Magazine Luiza, é preciso ter a "acabativa", saber terminar, que para mim é a capacidade de executar aquilo que você pensa.

Na minha trajetória profissional, por exemplo, o tema saúde sempre esteve presente. Não se trata de uma coincidência. Saúde para mim é o patrimônio mais importante que uma pessoa tem em sua vida. Não tem preço. Por isso, na minha opinião, precisamos de uma pessoa que nos ajude a mostrar como a nossa saúde é importante. Veja o meu caso. Tenho uma indústria de filtros, portanto vendo saúde. Também tenho uma empresa de suplementos nutricionais. Novamente, vendo saúde.

Porque dentro do meu pitch de vendas eu acredito muito em saúde. Quando estou vendendo e a pessoa está dizendo "não", eu insisto e o interlocutor não acha ruim, porque percebe que estou vendo o bem dela. Acredito no produto saúde. Basta fazer um exercício mental: se você tiver um filho e ele pegar uma gripe ou uma simples febre, você já não fica mais tranquilo. Por isso, acredito no que vendo: saúde.

CAPÍTULO 9

MUDE A MENTALIDADE E INSPIRE OS NOVOS LÍDERES

Amigos, costumo dizer que com um bom trabalho, a área de vendas pode alcançar um novo patamar no Brasil, como já ocorre nos EUA e em vários outros países. Por aqui, o setor ainda precisa atingir um nível de profissionalismo que lhe dê mais respeitabilidade. Para esta mudança ocorrer, porém, será necessário o empenho de muitos líderes, que com suas ações certamente poderão transformar o segmento.

Neste sentido, um livro que indico e que deve ajudar os líderes nesta tarefa é *Mindset – A nova psicologia do sucesso*, de Carol S. Dweck. Trata-se de um trabalho fantástico. Carol é uma psicóloga e pesquisadora do comportamento humano. Acredito que valha a pena ler essa obra, pois ela fala sobre *mindset*, termo em inglês que significa mentalidade. Ao pé da letra, podemos traduzir ainda como modelo mental ou a forma como nós pensamos.

A autora afirma que há dois modelos mentais que podem constituir os seres humanos. O primeiro seria a mentalidade fixa, ou *mindset* fixo, e o outro seria o *mindset* de crescimento. Qual a diferença entre eles, caro leitor e cara leitora? No caso do fixo, as pessoas têm determinadas características comportamentais estáticas. Assim, seriam indivíduos que não se preocupam em melhorar no dia a dia. Já o *mindset* de crescimento seria a mentalidade de quem se importa com seu desenvolvimento.

Darei alguns exemplos, mas já quero focar no setor de vendas. No caso do fixo, o *mindset* tem a ver com a forma como você raciocina, se comporta, age

178 VOCÊ NASCEU PARA VENDER MUITO

diante de uma situação. A todo momento estamos fazendo escolhas na nossa vida. E estamos pensando, cada um com seu modelo mental. O *mindset* fixo é daquelas pessoas com características imutáveis, como aquelas que dizem querer evoluir, desejar ter sucesso na vida, mas acreditam que isso venha da sorte ou do destino. Nem todos têm o conceito de sucesso muito bem definido na cabeça. Muitas vezes a pessoa tem um *mindset* fixo e não sabe.

DE PAI PARA FILHO

Vou ilustrar o tema mentalidade contando um pouco mais sobre a minha família. Sou descendente de japoneses. Meu avô nasceu na cidade de Kagoshima e minha avó, em Nagasaki. Meu avô foi lavrador, filho de agricultores, e meu pai até uns 30 e poucos anos trabalhou na roça. Até decidir se mudar e ir para a cidade. Meu pai estudou até a quarta série primária. Depois disso, nunca mais pegou em um livro ou fez qualquer tipo de treinamento. O meu avô deu uma educação para o meu pai na qual estavam arraigadas uma série de crenças que desde a época em que ele veio do Japão foram transmitidas de pai para filho. E os pais do meu avô também fizeram isso.

Assim, volto à questão, meus amigos: O que é o *mindset* e como ele é formado? Nossa mentalidade é construída a partir de nossas crenças e valores. E isso é moldado de acordo com a nossa educação. E algumas pessoas influenciam nisso. De 0 aos 7 anos, quem mais atua na nossa educação são nossos pais. Depois, temos nossos professores. Em seguida, os amigos. Mais adiante, há pessoas que nos inspiram e que nos ajudam a moldar determinado tipo de mentalidade.

Meu pai, por exemplo, foi moldado pela mentalidade do pai dele, dos amigos dele, que eram todos lavradores. Depois que ele saiu da roça e foi para a cidade, passou a trabalhar como motorista de ônibus. Os novos amigos também trabalhavam dirigindo ônibus e também influenciaram a personalidade e a forma como meu pai entendia o mundo.

Fora o ambiente, ou seja, as pessoas que nos cercam, as experiências que cada um vive também vão moldando o tipo de pensamento de cada indivíduo. Então, o que aconteceu com o meu pai? Quando eu tinha 9 anos, minha mãe faleceu e isso, claro, criou um trauma gigante na vida dele. Esses traumas psicológicos que acontecem na trajetória das pessoas, sejam acontecimentos negativos ou positivos, marcam nossa vida e nossa forma de pensar.

Assim, há quem faça negócios que não dão certo, há quem seja traído em seus relacionamentos, pessoas que fizeram sociedades achando que daria certo, mas deu tudo errado etc. Todos estes tipos de experiências, meus caros, vão moldando seu *mindset*. E você pode ser moldado para ter uma mentalidade fixa ou de crescimento. Normalmente, pessoas que passam por muitos problemas na vida são levadas a ter um *mindset* fixo.

Depois da morte da minha mãe, meu pai tentou ser motorista de táxi, mas não deu certo. Nesta época, eu tinha 9 anos, minha irmã tinha 8 e meu irmão caçula, apenas 2. Imagine como deveria ser difícil para um taxista trabalhar tendo em casa uma criança tão pequena chorando.

Outra característica de que me lembro: meu pai era uma pessoa muito amorosa, mas, ao mesmo tempo, tinha momentos explosivos. Por exemplo, para negócios costumava fazer tudo errado. Brigava com os outros e, quando era mais jovem, chegava a sair na porrada. Tudo isso também moldou a forma como eu enxergo o mundo. Depois que desistiu do táxi, meu pai foi pra feira. Nesta época eu tinha 10 anos. E via toda a luta e o esforço do meu pai. E os amigos, as informações que ele tinha, os jornais que assistia, os programas de TV que via, foram moldando o *mindset* dele, que se tornou fixo devido à sua formação e às referências que meu pai tinha. Vi isso acontecer.

FALTA QUALIFICAÇÃO

Agora, passo para um exemplo de um *mindset* que ocorre dentro da área de vendas diretas. Quando olhamos para o setor no Brasil, por não se tratar de algo maduro, ainda não é visto com bons olhos. Por quê? O perfil de quem trabalha neste segmento pode ajudar numa resposta. Com base nas pesquisas que faço em meus negócios, cerca de 70% de quem está nesta área têm uns 30 anos, não têm curso superior, vêm de classe média baixa — ou seja, com uma renda familiar de 2.500 a 3.500 reais —, e, em sua grande maioria, moram em bairros de periferia.

Quando você olha para esse retrato das pessoas que trabalham com vendas, verifica se tratar de um perfil desqualificado. Contudo, não considere este termo algo pejorativo. Veja, eu também já me enquadrei nisso, embora hoje esteja em outro patamar — sou empresário, tenho meu próprio negócio, minha fábrica, minha rede de franquias. Realizei muita coisa nestes mais de vinte anos de trabalho.

Meu perfil antes disso, porém, era exatamente dentro da estatística. Eu morava em São Miguel Paulista, na periferia da zona leste de São Paulo. Era pobre mesmo. Eu não havia estudado. Deixei a escola no primeiro ano do ensino médio, aos 15 anos. Meus amigos também moravam na periferia e, como eu, trabalhavam na feira. Imagine o tipo de mentalidade que eu tinha à época. Pense quantos livros eu lia por mês quando trabalhava na feira. Quantos cursos eu fazia. De quantos treinamentos eu participei. Absolutamente nenhum.

Por isso digo a você, o perfil do Hélio era idêntico ao da grande maioria, um *mindset* fixo. Eu absorvia as visões e maneiras de entender o mundo conforme via ao meu redor, influenciado pelo meu pai, por professores, pelo ambiente, pela escola, pelos amigos, pelas experiências vividas, bem-sucedidas e de fracasso.

Este *mindset* é o exemplo de mentalidade que leva as pessoas a terem um estilo de vida comum ou medíocre. E, de novo, quando falo medíocre, não quero soar pejorativo. Medíocre no sentido de médio. Estas pessoas, se não têm grandes alegrias na vida, também não vivem grandes tristezas. Se não têm um carrão do ano, também não têm um veículo tão ruim. Se não moram na casa dos sonhos, têm um cantinho onde dá para sobreviver. Embora não estejam milionárias, recebem um salário que pode ser pouco, mas é garantido. Muita gente tem este *mindset*. E na área de vendas, se você é líder e quer criar uma organização valorosa, você tem que influenciar positivamente e levar a essas pessoas uma nova mentalidade.

OPERE A MUDANÇA

Digo a você: Como eu penso na minha empresa e no meu negócio? Vejo como uma escola. Uma empresa e um líder precisam levar fundamentos. Devem trabalhar a mentalidade do seu pessoal, porque a maioria não gosta de mudança ou de passar por desconforto. A maioria das pessoas não quer sair de uma situação cômoda. No entanto, para ter uma vida melhor é necessário enfrentar algumas coisas. Desconforto significa treinamento, necessidade de se movimentar. Você que é líder de vendas tem de trabalhar a mentalidade das pessoas. Elas têm de estar com a cabeça preparada para receber conteúdo.

Senão será como arremessar uma bola contra uma parede, mas, em vez de vê-la quicar de volta, a bola seria engolida pela parede. Muitas pessoas são assim, por terem um *mindset* fixo. Pensam: "Eu nasci assim, vou ser sempre assim", "O sucesso é questão de sorte", "Fulano conseguiu porque chegou primeiro", "Em vendas, Fulano é um grande líder porque chegou na frente. Eu, não. Agora é muito mais difícil". Pessoas de *mindset* fixo têm sempre uma desculpa. Eu também era uma pessoa assim. Porém, tive a felicidade de ter grandes líderes que me mostraram o caminho. Disseram: "Vem por aqui. Vem para o treinamento". Mostraram-me a importância de me preparar e continuar minha formação através de cursos e bons livros. Eles me ensinaram a ter o hábito da leitura. Quando colocado em

182 VOCÊ NASCEU PARA VENDER MUITO

prática, conhecimento resulta em proficiência. Eficiência na execução. É isso que nós, líderes de vendas, temos de fazer.

Quando comecei, não sabia o que fazer. Trabalhei com produtos que eram muito difíceis de vender. Porque para negociar itens de baixo valor agregado é muito fácil, mas quando se fala de produto de alto valor agregado é preciso treinamento. Hoje, vendo franquias de 40 mil, 100 mil reais, tenho carteira de negócios de 200 mil, 500 mil e 1 milhão de reais. Comercializo produtos e negócios de 1 milhão. É preciso técnica, senão você não alcança o resultado.

Atualmente, o segmento de vendas vive um momento maravilhoso. Quando comecei, tudo era mais difícil. Há gente neste mercado que não entende absolutamente nada, sem nenhum treinamento, sem base conceitual e está ganhando dinheiro, de tão fácil que está. Imagine se recebessem treinamento – seriam imbatíveis. A área de vendas vai amadurecer e as pessoas que forem profissionais neste setor vão ter uma oportunidade única de ganhar dinheiro.

Por isso, acredito que os líderes precisam inspirar as pessoas a mudar seu *mindset*, de fixo para o de crescimento. Pessoas com *mindset* de crescimento acreditam que não sabem tudo, que precisam ler para aprender, que o treinamento é muito importante, que o seu comportamento tem de mudar, que quando algo dá errado na vida delas, a culpa não é do governo e não está em algo no exterior. Elas olham para dentro de si e se perguntam: "O que estou fazendo de errado? Onde tenho que melhorar?". Elas sabem que sempre é possível aprimorar algo. Estão em constante evolução.

Os grandes líderes de vendas serão as pessoas que têm o *mindset* de crescimento. Elas estão em contínuo desenvolvimento e pensam em treinamento como algo constante, afinal, o mundo e a maneira como as pessoas se relacionam com os produtos e serviços mudam o tempo todo.

COMO VIRAR EXPERT E BRILHAR

Quando trabalhei na área de venda direta tive grandes líderes. Eu copiava o que eles faziam e repetia, até sem muito fundamento, sem saber as lógicas que estavam ocultas. Mas as empresas pelas quais passei investiam muito em treinamento, então logo fui para dentro das salas de aula. Lá conheci conceitos muito fortes de vendas. Recebi orientações. Ouvia: "Leia este livro que você vai aprender isso", "Assista este vídeo e você vai aprender sobre a psicologia aplicada a vendas, técnicas de fechamento de vendas".

Passei então a comparar o que observava no comportamento das pessoas com os conceitos que aprendia. Sempre fui um estudioso nessa área, sempre tentei entender qual era a lógica que havia por trás do que era preciso para ser um profissional mais assertivo. Quando monto um plano de negócios, procuro fazê-lo com fundamento, amparando-me em dados, fatos e evidências. Mesmo quando comecei minha carreira de vendas, era assim: aprendi a teoria, vi a prática, começava a implementar.

Porém, quando você participa de um treinamento, não consegue colocá-lo em prática imediatamente. Daquilo que se vê em um curso ou se lê em um livro, 5% ou 10% são assimilados, ficam gravados. Por isso sempre fui de anotar muito, de registrar tudo com um gravador simples. Depois ia para casa estudar para, enfim, colocar em prática.

Tenho orgulho de ter cadernos com anotações de mais de vinte anos atrás. Tenho mais de 10 mil demonstrações de vendas. Faça as contas, se você fizer três ou quatro demonstrações por dia, quantos anos você levará para chegar a 10 mil? Foi isso que fiz. Peguei os meus modelos, estudei a teoria e experimentei-a na prática. E quando você faz isso, chega à maestria. Você melhora a execução ao adicionar eficiência e qualidade.

O que acontece quando você tem modelos que lhe inspiram, aliados a uma base teórica forte e pratica 10 mil vezes? Qualquer um que fizer a mesma coisa

10 mil vezes vai virar um maestro, um expert. E foi desta forma que eu fui me desenvolvendo e aprendendo. Por estes líderes que me inspiraram a mudar meu tipo de mentalidade e me ensinaram a ter um *mindset* de crescimento. A entender que o problema não está no mundo. Que o problema não foi meu pai que não deu oportunidade para eu estudar. O problema não foi a minha falta de estudo que não me levou ao sucesso. Não! O problema sou eu.

E quando a gente passa a descobrir a verdadeira potencialidade, ninguém precisa motivar ninguém. Quando inspiramos alguém a mudar de mentalidade, essas pessoas já não precisam mais do sol, do calor de outras pessoas para aquecê-las ou iluminá-las. Passam a agir como astros-reis. Líderes têm que formar outros líderes. Têm que formar pessoas que tenham luz própria.

Costumo dizer que há dois tipos de líderes em vendas. Os que são considerados sóis. O que é um líder-sol? É alguém que tem luz própria. Ele não depende da luz dos outros para brilhar. E tem o líder que é lua. E a lua não tem luz própria. Ela depende da iluminação de terceiros. Por isso, o líder que quer fazer a diferença em vendas deve ter o estilo sol. Inspirar as pessoas a mudar seu *mindset*. E quando isso ocorre e surge a mentalidade de crescimento, essas pessoas realizam o que chamamos de o milagre da vida. Mas, veja, não se trata de um ato divino. Eu acredito em Deus, sou cristão. Mas aqui na Terra quem tem que fazer a sua parte é você! Sou eu!

Muitos dizem: "Ah, se Deus quiser". Deus quer tudo o que é de bom. Mas quem tem de querer verdadeiramente é você. Temos de parar de ficar arrumando desculpas para nossos fracassos. E olhar para dentro de nós. Deus não é pai? Ele quer tudo que é de bom para nós. Ele quer. Mas a pergunta é: "Você quer?". Se você quiser realmente, o milagre acontece. E não é algo vindo dos céus, não. Porque Deus já fez a parte dele. Agora quem tem de agir é você. Sou eu. Nós temos que fazer a nossa parte.

QUAL A SUA ATITUDE MENTAL?

Seguindo no tema sucesso, quero falar sobre algo que considero vital para se alcançar aquilo que almejamos: as escolhas.

São inúmeras as opções que fazemos em nossas vidas. Todo dia decidimos levantar da cama ou ficar mais um pouco, fazer uma atividade física, trabalhar, namorar ou não, casar ou ficar solteiro, escolher por um emprego ou outra oportunidade de negócios. Ou seja, a todo momento estamos decidindo.

Mas não é sobre estes detalhes aos quais me refiro. Quero abordar duas escolhas que temos e estão relacionadas ao que chamo de atitude. E é ela que vai definir verdadeiramente se você vai ter sucesso ou não. Mas como isso é possível? Óbvio que se trata de uma visão pessoal minha, mas quero explicar porque acredito que é a atitude que determinará se você vai ter êxito ou não na vida. E, ao falar de sucesso, lembrem-se, me refiro a ele aplicado às cinco saúdes. Não se trata apenas de dinheiro. mas sim da saúde física, espiritual, familiar, social e financeira. O equilíbrio destas cinco saúdes é a nossa verdadeira felicidade. E acredito que é isso o que perseguimos. Assim, a atitude é o que vai definir o nosso sucesso ou fracasso.

As duas escolhas às quais me refiro, amigos, são a atitude mental positiva ou a atitude mental negativa. Mas vale ir além: o que significa atitude? Para mim, é o estado mental no momento em que observo um tema, uma situação ou conceito específico. É a forma com que me deparo diante de algo e o modo como reajo num primeiro momento no meu pensamento. Na mente, antes da ação. Porque a ação nada mais é do que fruto do meu pensamento. E este gera o sentimento. E, na hora que este último surge, fica determinada a forma como me comporto. Então, primeiro vem o pensamento, depois o sentimento e, por fim, a ação. Por isso é muito importante você entender qual tipo de atitude tem.

Na maior parte do seu dia, como isso ocorre? A forma como você se comporta diante dos fatos, das coisas que ocorrem na sua vida. Com uma atitude mental positiva ou negativa? Aliás, não só como você se comporta, mas como ensina as pessoas ao seu redor a se comportar. Pois você pode ter diversos colaboradores e subordinados, pessoas que trabalham para você. E, apenas para lembrar as três regras básicas de liderança: regra nº 1, seja exemplo; nº 2, seja exemplo; nº 3, seja exemplo. Quem coordena pessoas tem que ser exemplo. Não adianta você ensinar as pessoas a se comportar de uma determinada forma e agir de outra. Porque para as pessoas não vai valer o que você fala, mas aquilo que faz. Quem tem filho sabe como é isso. Eles não seguem o que falamos, mas aquilo que veem. O exemplo fala muito mais forte. Por isso é muito importante. Então, exercite sua memória e reflita: Como você se comporta quando surge um problema para resolver? Você encara? Que tipo de pensamento e de sentimento tem? Sente angústia? Tristeza? Medo? Porque tudo isto vai bater no seu cérebro, escorrer para o seu coração e afetar aquilo que você faz.

É importante, amigos leitores, entendermos como nos comportamos mentalmente diante de um fato. É como naquele exemplo famoso: um copo com água até sua metade é apresentado a duas pessoas. Enquanto uma delas afirma que no copo AINDA tem água até o meio, a outra diz que o copo JÁ está meio vazio. Ou seja, o fato não muda, mas a interpretação das pessoas, a forma como encaramos, difere. Assim como no exemplo da água, ocorre se você perguntar a alguém: "Quantos anos você tem?". Imagine que a pessoa responda 40 anos. Daí, faz-se uma segunda pergunta: "Você quer viver até qual idade?". E a pessoa afirma "80 anos". "Então, quantos anos faltam?" A pessoa pode responder SÓ restam 40 anos ou AINDA tenho 40 anos. Como encaramos? Isso é muito importante, ainda mais quando falamos de formar equipes e liderar pessoas.

PROBLEMAS SÃO BEM-VINDOS

Será que pessoas bem-sucedidas têm problemas, meus amigos? Óbvio que têm. Ninguém está livre deles. Por exemplo, eu pensava que a medida que minha vida fosse evoluindo, principalmente a parte financeira, meus problemas diminuiriam. Ledo engano. Na verdade, os problemas só aumentaram. Desde que comecei a empreender foi o que ocorreu. Mas que tipos de problemas, vocês devem estar se perguntando? Alguns gigantescos, com os quais muitas vezes não sabemos lidar. Por exemplo, lá atrás, quando comecei como vendedor, a primeira coisa que tinha que fazer era vender, algo que não conseguia. Este desafio era "o problema", que eu encarava com muita dificuldade e tristeza. E, algumas vezes, me batia até um desespero.

Mas os treinamentos me ajudaram a superar isso. Moldando meu comportamento e atuando na minha razão, em primeiro lugar. Busquei fundamento na minha mente para embasar minhas atitudes, ou seja, a forma como eu penso e ajo. Mas, depois que aprendi a vender, precisava montar uma equipe de vendas. Também resolvi isto. Mais adiante, porém, surgiram problemas de relacionamento, pois eu não sabia formar gente, treinar pessoas, falar em público. A cada hora ia aparecendo algo novo.

Depois virei empresário, investidor. Aí tive problemas de fluxo de caixa. Quase quebrei. Momentos em que quase fui à bancarrota não ocorreram uma nem duas, mas várias vezes ao longo destes vinte anos. Eu não sabia negociar, sobretudo no mercado internacional. Somos tão cheios de limitações. Para mim, tais obstáculos ou desafios que aparecem ao longo da nossa vida não são um problema. Eles fazem parte do jogo. Toda hora algo assim ocorre.

Quando meu filho foi estudar nos EUA, por exemplo, tive que escolher a escola. Mas eu não sabia como avaliar uma instituição de lá. Era um novo desafio. Você vai, pesquisa, conversa, se informa. É normal. E a forma como você se comporta diante do fato é muito importante, pois sempre haverá coisas a serem resolvidas. Gostaria de lhe dizer que a partir de um determinado momento da vida você não vai mais lidar com problemas, mas infelizmente você ainda terá muitos desafios. E se Deus quiser, tenhamos muitas questões para solucionar.

OBSTÁCULOS OU DESAFIOS QUE APARECEM AO LONGO DA NOSSA VIDA NÃO SÃO UM PROBLEMA. ELES FAZEM PARTE DO JOGO.

No meu negócio, se penso numa expansão de vendas, automaticamente, tenho que resolver questões de logística, pois meus produtos são encomendados com seis meses de antecedência. Então, ouça este conselho: diante de um problema, arregace as mangas e enfrente. Saiba que quando a dificuldade não for no trabalho, será na vida pessoal.

FRACASSA QUEM PENSA EM FRACASSO

Quer saber se uma pessoa vai dar certo no empreendimento dela, meu caro e minha cara? Analise a forma como ela começa o negócio dela. Se ela disser: "Espero que eu não fracasse...", ele já fracassou. Porque se passam dúvidas na cabeça dele sobre se o negócio vai dar certo, maior é a dúvida do universo. Se nem você tem a plena convicção de que algo vai dar certo, pode ter certeza, maior é a dúvida do universo. Cansei de ver isso ocorrer em vendas e, por isso, sempre reforço nos treinamentos que aplico.

Amigos, quando você está diante de um prospect, o que você espera ouvir dele é um "não". Afinal, pense, ele não é um especialista no produto, na ideia ou no serviço que estou representando. Ou seja, o prospect não é obrigado a saber do produto ou do serviço que estou vendendo. Então, diante disso tudo, a resposta mais óbvia é o não. O que, para mim, não significa que é algo negativo. É apenas a resposta mais óbvia. Mas dentro da minha cabeça, na hora que estou negociando com ele, em nenhum momento hesito. Jamais transmito dúvida para o prospect.

Explico a você. Se ao chegar ao final de uma demonstração, seja de um serviço ou de produto que você esteja vendendo, e você perguntar "E aí? Posso tirar o seu pedido?" ou "E aí, vamos fazer o seu cadastro?", certamente vai dar tudo errado. Se você demonstra dúvida na sua pergunta, demonstra incertezas, então saiba que maior será a dúvida do seu prospect... "Ah", você deve estar se perguntando, "Como é que você faz, Hélio?". Para mim é bem simples. Oras, se

190 **VOCÊ NASCEU PARA VENDER MUITO**

apresentei o produto, olhou para mim, pergunto: "Qual é o seu nome?" e já mando a caneta no pedido.

"Ué, mas você nem pergunta se ele quer o produto?", talvez você esteja imaginando. Mas por que eu vou perguntar? É óbvio que ele vai querer. E você pode pensar: "Mas você não disse que ele ia dizer não? Que sua expectativa era de que ele diria não?". Pois lhe digo: a minha expectativa pode ser de não, mas a minha postura tem de ser diferente. Tenho a firmeza e a certeza de que ele vai querer meu produto, minha ideia ou meu serviço. Não vou mostrar nem a sombra de uma dúvida. Por quê? Lembre-se: se eu demonstrar dúvida, maior será a dúvida do meu interlocutor.

Por isso, meu caro e minha cara, em qualquer empreendimento, você não pode começar com dúvida. Se você começar com dúvida, você já fracassou. Já está errado. Se você pensa que vai fracassar, com certeza você vai fracassar. Trata-se de ação e reação. Quem semeia tem grande probabilidade de colher, mas não é certo que colha. Às vezes eu semeio, planto, mas vem uma tempestade e leva tudo. Ou o sol seca tudo. Há fatores que não controlo, certo? Mas quem semeia tem grande probabilidade de colher. Já quem não semeia, não vai colher nunca. Por isso, a atitude, a forma como você encara as coisas, é muito importante. Porque é ela que vai definir seu pensamento, que determinará seu sentimento, que impactará naquilo que você vai fazer.

AFASTE O NEGATIVO

Para você, existem pessoas privilegiadas ou que já nasçam para o sucesso? Será que quando estamos sendo concebidos, lá no Céu, há uma fila de pessoas para as quais Deus vai dizendo: "Este aqui vai ser bem-sucedido", "Você vai ter muito dinheiro", "Aquele terá uma família maravilhosa", "Para este aqui vai dar tudo errado", "Este outro terá todo tipo de azar do mundo", "O que está ali, quando for comer pão com manteiga, o pão vai cair com a manteiga virada para baixo"... Enfim, será que existe algo assim? É óbvio que não. Para mim, algumas pessoas nascem em ambientes menos propícios a aparecerem oportunidades. Mas não quer dizer que nunca terão oportunidade em nenhum momento de suas vidas, como se fosse algum tipo de maldição ou destino. No Japão, dizem que a oportunidade sempre existe e surge ao menos em três vezes ao longo da vida das pessoas. Se isso tem fundamento, não sei. Trata-se de um dito popular. Assim, há milênios os japoneses afirmam que sempre há oportunidades em nossas vidas.

Mas por que vocês acham que a maioria das pessoas tem atitudes negativas? Por que a maior parte delas não gosta de enfrentar problemas e desconforto? Porque somos educados a sermos pessoas negativas. Nossos pais nos ensinam com todo amor, mas nos educam para sermos negativos. A escola também nos educa dessa maneira. Imagine uma criança de três anos. Sabe quantos nãos ela escuta por dia? Entre trinta e setenta nãos por dia, em média.

Daí, pergunto: Por que a maioria das pessoas não gosta de ser rejeitada? Porque no âmago da nossa mente subconsciente já está programado este negativismo de tantos nãos que a gente já ouviu. "Não vá para rua, você vai ser atropelado pelos carros", é o que muitos pais falam para suas crianças, por exemplo. Não seria melhor dizer: "Ande na calçada, porque é mais seguro...". Sempre há uma forma positiva de encarar as coisas. Imagine, leitor e leitora, que o dia amanheceu chovendo e você abre a janela da sua casa. Como encara esta chuva? Será que alguém diz: "Nossa, que chuva maravilhosa! Graças a Deus está limpando o ar. É a chuva que rega as plantas e atenua a poluição...". Infelizmente, se você chegar perto de um grupo de pessoas e estiver chovendo provavelmente ouvirá: "Nossa, está chovendo. Que coisa horrível". E se tiver muito sol, eles também vão reclamar. Se estiver quente, não faltará queixas. Se estiver frio, mais reclamações. Por quê? Porque faz parte do modelo mental no qual fomos criados.

AJUDE SUA EQUIPE COM UMA VISÃO POSITIVA

E aqui, dou um valioso toque para quem vai montar uma equipe de vendas. Durante muitos anos liderei vendedores e sempre tomei muito cuidado. Não deixava as pessoas que estão comigo falarem coisas negativas. E se trata de algo muito sério. Não deixo mesmo! É proibido falar coisas negativas! Vai falar coisa negativa na sua casa, dentro do meu escritório, não! Quantas vezes fui a eventos em que juntavam várias equipes, e, sobretudo, com os meus vendedores mais novos, eu tomava este cuidado. Ficava pertinho deles. Você já viu como a galinha faz com seus pintinhos, colocando todos embaixo das asas? Fazia a mesma coisa, meus caros. Não deixava meus vendedores sozinhos. Por quê? Numa apresentação pode ter gente que vai negativar. Então, se preciso for, quando ele for ao banheiro, vou junto. Porque até no banheiro está cheio de gente negativa. Falando em crise, política, corrupção. Toda hora, negativando, negativando, negativando. Não deixo! Em treinamentos sempre mostro como se conduz uma equipe de vendas.

Líder não pode falar coisa negativa para a sua equipe. Penso assim e liderei grandes times. Por onde passei também não deixava pessoas de outros grupos ou mesmo gente da minha liderança, da minha equipe, falar coisa negativa. De jeito nenhum. Nunca! Em vendas, um dos grandes segredos é a duplicação, que é a arte de se repetir infinitamente. Então, meus amigos, se é isso, que tipo de atitude eu quero que se repita? Negativa? De jeito nenhum. Não se fala em crise. "Ah, mas a companhia aumentou o preço lá", você pode dizer. E eu respondo: amigo, não é você que controla o preço da companhia. Por isso, encare de uma outra forma. Pare de reclamar. Se for para você tomar uma atitude, saia da empresa. Mas não fique falando coisas negativas. Não negative as pessoas. Não contamine os outros. Você não tem o direito de fazer isso.

Eu era muito duro. Tive até problemas com colegas de trabalho algumas vezes por causa disso. Por chegar em outros líderes e dizer: "Por favor, não faça mais isso, tá? Não tenha mais este tipo de atitude com a minha equipe". Porque não ensino o meu grupo a trabalhar deste jeito. Sempre insisti muito neste ponto, pois, para mim, a atitude é a chave do sucesso. Por isso, se você quer ter colaboradores e uma equipe de vendas poderosos, ou seja, um grupo energizado, é muito importante que você policie suas atitudes e a atitude das pessoas que estão no seu grupo.

Atitude é um ponto tão importante que nem adianta você falar que não vai ter mais atitudes negativas. Temos lapsos de negativismo. Isso vale para todos. O que nós temos que fazer é entender que existem estes lapsos e contra-atacá-los. Aliás, há lapsos de medo, de preguiça, de dúvida, de insegurança. E tudo isso é natural. Mas há formas de contra-atacarmos. Em treinamentos ensino a trabalhar isso.

Por exemplo, sou um cara preguiçoso por natureza. Por isso, tenho que tomar cuidado. São as chamadas feridas mortais. Preguiça é uma ferida mortal minha. Quais outras? Arrogância. É minha segunda ferida mortal. E tenho várias. Mas, para poder crescer, temos que ir trabalhando cada uma de nossas feridas. Dentro de um treinamento, dentro de uma sala de aula, é possível fazermos isso, por meio de processos de catarse, análise transacional, dinâmicas. É possível fazer e superar.

Tem gente que tem o hábito de procrastinar, ou seja, é a velha mania de deixar para amanhã algo que você precisa fazer hoje. Não é uma das minhas feridas mortais, mas há muita gente que tem, que sofre a vida inteira com a procrastinação. Nós sabemos quais são nossas feridas mortais. O que não conseguimos muitas vezes é lidar com estes pontos. Mas para todo tipo de ferida, lembre-se, há uma forma de cura. Pense nisso!

CAPÍTULO 10

RADIOGRAFIA DO SUCESSO

Você acredita que haja uma fórmula predeterminada para alguém se tornar bem-sucedido? Será que há uma metodologia aplicável que lhe leve a isso? Ou você é uma pessoa cética, que entende que o sucesso é resultado de sorte na vida?

Para refletirmos sobre este tema, gostaria de contar a história de Napoleon Hill. Você o conhece? Hill é um dos autores mais lidos até hoje, embora ele tenha falecido em 1970. No entanto, o livro dele, *A lei do triunfo*, ainda é um dos mais vendidos. E olha que foi escrito em 1928.

Hill foi um jornalista norte-americano que, ainda muito jovem, quando trabalhava em um pequeno jornal, teve a incumbência de entrevistar Andrew Carnegie, que na época era um dos homens mais ricos dos EUA. Um dos homens mais bem-sucedidos de todos os tempos. E Hill teve a oportunidade de entrevistá-lo, o que durou alguns dias. Carnegie ficou muito admirado pela energia de Hill, então muito jovem. Ao final da entrevista, Carnegie convidou Hill para um trabalho. O milionário acreditava que haveria uma fórmula para o sucesso e, ainda, que seria possível desenhá-la com base em análise e pesquisa.

Carnegie fez a proposta e deu sessenta segundos para que o jornalista respondesse. O milionário queria que Hill fizesse uma pesquisa que durasse vinte anos sobre a fórmula do sucesso; e mais, sem remuneração alguma. O jornalista teria respondido em vinte segundos e aceitou o desafio.

196 VOCÊ NASCEU PARA VENDER MUITO

Assim, Hill começou a pesquisa em 1908 e, em 1928, lançou o livro *A lei do triunfo*, considerado por muitos como o primeiro livro de autoajuda escrito no mundo. Antes de lançar a obra, Hill submeteu os escritos a vários empresários bem-sucedidos e professores de universidades renomadas, pedindo que fossem feitas considerações sobre o texto. O livro passou sem ressalvas ou modificações dessas pessoas.

De lá para cá, vários livros foram editados, derivados e influenciados por *A lei do triunfo*. A obra traz a concepção de *mastermind*, termo em inglês que significa mente mestra. Hill criou uma série de conceitos e afirmava que qualquer pessoa que os aplicasse teria sucesso na vida. A base do *mastermind* vem de um conceito anterior, calcado em liberdade e harmonia, e que moveu as ideias de formação dos EUA, como a Declaração de Independência norte-americana, assinada por Benjamin Franklin, Thomas Jefferson, entre outros.

Hill conseguiu sintetizar este conceito dos EUA em seu livro. Antes, a ideia de sucesso no século XVII era de que as pessoas nasciam em castas. O filho do rico seria rico. Na Europa, havia o sangue azul. Mas, nos EUA, não. Eles foram colonizados pela Inglaterra, mas por europeus que chegaram ao Novo Mundo com uma mentalidade muito diferente. E esta soma de independência, de liberdade e harmonia, que você verá no livro de Hill, é a base do conceito norte-americano. É o sonho americano, a ideia de que a oportunidade de ter sucesso está ao alcance de todos.

Depois de Hill vieram muitos outros autores. Eric Berne, por exemplo, foi um médico psiquiatra canadense que se naturalizou americano e que pesquisou a psicologia do sucesso. Para ele, nós nascemos como príncipes e princesas, mas, ao longo de nossa vida, somos transformados em sapos. Pela ação de nossos pais, por nossas experiências, nossas vivências, nossos *modus vivendi*.

No fim dos anos 1980, Tony Robbins lançou *Poder sem limites*, obra que abordou a programação neurolinguística e uma série de conceitos. Mas tudo isso foi derivado de Hill de algum modo. Até Peter Drucker, considerado um dos grandes gurus da administração moderna, trouxe conceitos lá de trás. Se você estudar *A lei do triunfo*, vai ver que Peter Drucker se valeu de muitos conceitos que foram trazidos por Napoleon Hill.

A FÓRMULA DO SUCESSO

Mas voltemos ao tema. Em resumo, existe, sim, uma fórmula de sucesso. Uma metodologia que te leva ao êxito. Há um roteiro que, se você souber como funciona, consegue ter sucesso. Quem conhece o caminho chega com mais facilidade ao sucesso.

Mas antes vamos começar tentando entender o que é o sucesso. O que significa esta palavra. Para você, qual o significado? Para alguns, é ter muito dinheiro. Outros dirão que é atingir determinado objetivo. Há pessoas que consideram sucesso ser um bom pai, um bom filho, uma boa esposa, um bom marido. Ou seja, cada um tem um conceito muito particular do que significa sucesso. Se perguntamos: Ser bem-sucedido é ter dinheiro? Ou atingir meus objetivos? É o reconhecimento pelo seu trabalho? É ter qualidade de vida? É ter realização pessoal? É felicidade? Se tornar melhor em todas as áreas? Ou seja, daria para encher todas as páginas deste livro apenas com possíveis e diferentes definições para o termo sucesso.

Para mim, pela minha experiência e com o que aprendi com meus mestres, sucesso nada mais é do que um processo de melhoria contínua. Ou seja, ser hoje melhor do que fui ontem. Ser amanhã melhor do que sou hoje. Isso é sucesso. E quando você começa a ter sucesso? Será que é quando você tem dinheiro no bolso? Ou quando atinge um determinado objetivo? Se eu quebrar financeiramente, sou um fracassado? Como interpretar tudo isso? Bom, novamente, sucesso é avançar, dia após dia, rumo à minha meta.

Mas se sucesso é isso, quando começo a vencer e a ser uma pessoa bem-sucedida? Não é quando tenho dinheiro ou quando chego no topo. Começo a ser bem-sucedido a partir do momento que eu decido: "EU HEI DE VENCER!". É nessa

SUCESSO NADA MAIS É DO QUE UM PROCESSO DE MELHORIA CONTÍNUA.

hora. Porque neste momento você já será melhor do que alguns segundos antes. Tenho certeza de que, se você pensar deste jeito, vai entender que já é um príncipe ou uma princesa. Ou seja, no seu interior você já é uma pessoa bem-sucedida. Só que nossa personalidade muitas vezes sofre influências.

Você acha que há pessoas predestinadas a ter fracasso na vida? Programadas a fracassar? Você acredita que tem amigos seus que são programados ao insucesso? Que haja pais que programem os filhos para o fracasso? Pessoas que nos querem muito bem, mas que nos programam para fracassar? Deixe-me dar um exemplo. Vocês já repararam que existem pessoas que tudo o que fazem dá certo? E, por outro lado, há aquelas que tudo o que fazem parece dar errado?

FOBIA DE DAR CERTO

Meu caro leitor e minha cara leitora, se você perceber, a nossa vida é uma repetição de comportamentos. Há pessoas que têm uma trajetória profissional em que começam bem, vão bem, mas, em determinado momento, caem. Depois, mudam de ramo, começam bem, vão bem, mas caem novamente. E este padrão se repete sempre. Em vendas, há muito disso. Profissionais que mudam de empresa, acreditam que o problema está no produto, no plano de marketing etc. Mas o problema está nele. "Ah, Hélio, mas a empresa fez tudo errado", alguns podem alegar. Não, meus caros. Há um passo antes, uma pessoa que escolheu e decidiu, que disse "Eu vou para esta empresa". Logo, a responsabilidade é da empresa ou sua? Quem tomou a decisão errada? Porque senão você é mais uma vítima.

Você já reparou que existem pessoas assim? Pode soar contraditório, mas há, sim, pessoas que são programadas para fracassar. E pais que programam os filhos para o fracasso. Isso, independentemente de os pais quererem bem os filhos. Porque recebemos estímulos de fracasso. Tem muita gente que tem na sua mente a programação exata para fracassar na vida.

VOCÊ NASCEU PARA VENDER MUITO

Dou um exemplo. Você deve conhecer alguém que tenha uma fobia, certo? De barata, por exemplo. Perceba como é esta pessoa. Se ela estiver num ambiente e houver uma barata escondida, adivinha quem enxergará a barata... Minha esposa, Regina, é uma dessas pessoas. Se aparecer uma barata em algum lugar que nós estivermos, pode ter certeza, ela vai localizar o inseto. E mais, se a barata fizer um barulho, por mais imperceptível que seja, a Regina ouvirá. Onde ninguém mais ouve. E se a barata voar, para onde vocês acham que ela vai? Sim, para cima de quem tem medo dela. Por que isso ocorre?

A psicologia explica. Não é a barata que está procurando a Regina, é o contrário, a Regina que está procurando a barata. A mente dela, que tem medo. Agora, imagine que haja pessoas que atraiam o fracasso. Porque comportamentos se repetem na nossa vida. Há pessoas que têm estímulo para o fracasso. Eles perseguem o fracasso. Voltando ao exemplo, não é que a barata se atraia por ela ou ela se sinta atraída pela barata. Não há nada de esotérico. Trata-se da mente humana perseguindo um objetivo.

INSTINTO HUMANO

Nos animais há o instinto. Nos humanos, contudo, há o chamado mecanismo de buscas de metas. Todo mundo tem. Mas se ele estiver desajustado com os objetivos que você coloca na sua vida, ele pode buscar objetivos errados. Por exemplo, você já perdeu alguma chave e ficou se perguntando onde deixou? E procurou até desistir? E esqueceu aquilo por um tempo? De repente, você está fazendo outra coisa, como tomar banho, por exemplo, e nem lembra mais da chave. Mas, do nada, vem um pensamento revelador: "Lembrei, a chave está lá!". E quando vai ao local que pensou, a chave está lá. Se isso já ocorreu com você, saiba que não foi a chave que foi atraída por você.

No seu cérebro, uma máquina tão poderosa, dividido em mente consciente e subconsciente, este último responsável por comandar os nossos movimentos involuntários. E enquanto tomava banho, sua mente estava repetindo: "Cadê a chave? Cadê a chave?"... inconscientemente. Você não sabe que está procurando a chave, mas sua mente está processando arquivos e memórias. De repente, sua mente acessa um desses arquivos. E você encontra a chave.

A ciência já afirma que em vez de colocar a chave como meta a perseguir e encontrar, é possível colocar seus sonhos ou objetivos como a meta a ser batida. Tudo aquilo que você deseja em sua vida pode ser inserido neste mecanismo de buscas de metas. E quando você coloca em seu subconsciente, e há formas de fazer isso, você busca o sucesso. Assim como uma ave usa o instinto para migrar para uma região mais quente e se abrigar durante uma época mais fria, mesmo nunca tendo visitado o novo destino, o homem tem como buscar seus objetivos por meio do mecanismo que citei.

Temos o livre-arbítrio, direito de escolher. A partir do momento em que somos adultos, temos escolhas na nossa vida, precisamos fazer uma reprogramação de nossa mentalidade, da forma de raciocinar. Quando você consegue colocar esta meta e este objetivo nesta caixa maravilhosa, você alcança.

Existe o chamado plano cíclico de vida, onde você planeja quatro a cinco anos da sua vida e materializa isso num papel com desenhos ou colando imagens daquilo que almeja. Quantas pessoas já me disseram, surpresas, que, ao fazer isso, anos depois compraram um carro idêntico ao que haviam desenhado ou uma casa igual à que haviam colocado no papel depois de ter visto em algum lugar... Trata-se de milagre? Não, apenas o nosso cérebro trabalhando a nosso favor. Daí a importância de reprogramar. Como fazer isso e inserir os comportamentos vencedores na mente?

Óbvio que as pessoas sabem quais são as características e comportamentos que as levam ao sucesso. Quem não sabe? Para ser bem-sucedido é preciso ser determinado, disciplinado, organizado, trabalhador etc. Todo mundo sabe. O que muita gente não sabe é como mudar determinados tipos de comportamento. Quais são

202 VOCÊ NASCEU PARA VENDER MUITO

aqueles que lhe puxam para baixo? Você sabe. Quando você olha para dentro de si, você sabe o quanto você é preguiçoso, indisciplinado ou que deveria estudar e o quanto está estudando de verdade. Mas tudo isso é teoria. E a prática, como faz? Mas é importante você ter um pouco de teoria, pois isso lhe ajuda muito na prática.

CRISE E APRENDIZADO

Gostaria de contar aquele que certamente foi um dos momentos mais difíceis que já enfrentei. Quando comecei a minha vida, não tinha nada a perder, então, nestas condições, você se arrisca muito. Mas depois de um tempo, eu tinha a perder. Atualmente, por exemplo, tenho a perder. No final de 2009, ocorreu algo muito difícil. Fim de ano, olhei meu fluxo de caixa e apontava que, depois de pagar tudo o que era preciso – equipe e todas as contas daquele ano –, em dezembro haveria um saldo positivo de 400 mil reais. Para janeiro de 2010, o fluxo de caixa também apontava para resultado positivo, em pouco mais de 1 milhão de reais.

Nesta época, queria fazer uma imersão nos EUA, estudando inglês, e fui, para ficar três semanas. Dei férias para o meu diretor financeiro, que foi para o Canadá. No meio da temporada de estudos, recebo um telefonema. "Alô, Hélio, o fluxo de caixa está errado. Não são 400 mil reais. É este valor, mas negativo". Ao ouvir isso, não conseguia entender. Eu havia visto 400 mil reais. Por que negativo? Tratava-se, afinal de uma diferença de 800 mil reais entre os dois valores. Do outro lado da linha: "Não, Hélio, é que nossas operações de São Paulo não haviam provisionado tudo o que precisaria ser pago...". Nesta hora, não conseguia mais pensar em mais nada... 800 mil? Pensei que só poderia estar sendo fraudado.

Peguei o primeiro avião, voltei ao Brasil, cheguei e quis ver o fluxo de caixa. "Não é esse valor". Bati o pé, deu outro valor. Mas bati novamente, deu outro. E mais uma vez, um terceiro valor. Cada hora que revia os números, os valores iam mudando. Pensei: "E agora, como faço?". Na época, nunca tinha pego dinheiro em banco. Também tinha auditado, mas não era algo independente. Fazia por amostragens apenas. Pensava: "Meu Deus, estou sendo roubado".

Sempre achei importante receber conselhos. E nesta hora, foi vital. Liguei para um grande amigo, o doutor Luiz Alberto Garcia, um empresário muito bem-sucedido, presidente do conselho de administração da Algar, entre outras companhias. Liguei e disse: "Doutor Luiz, precisava falar com o senhor. Dá para me receber?". Ele, que é um dos meus mentores e sempre me tratou muito bem, disse: "Venha, Hélio". Chegando lá, expliquei: "Doutor, não sei o que está acontecendo. Meu fluxo de caixa não bate. Não sei se é fraude. Estou perdido". Ele pediu calma e me fez uma série de perguntas, as quais eu não sabia responder direito. Ele combinou, então, que enviaria para a minha empresa uma pessoa de confiança, de nome Geraldo, que havia sido diretor financeiro de uma de suas companhias.

Quando ele chegou e se debruçou sobre os números, disse: "Hélio, não são 400 mil reais negativos, nem 800 mil... teu fluxo de caixa tem um rombo de 2 milhões de reais". Ali, pensei: "Quebrei. Onde vou arrumar 2 milhões de reais? Não é possível". O que fizemos? Analisamos e dissemos: "Vamos manter os privilegiados, aqueles fornecedores e franqueados que a gente tinha que pagar". Fizemos um plano de ação para pagar apenas o que consideramos essenciais e passamos a negociar todo o resto. Marquei, por exemplo, reuniões em Orlando, nos EUA, com meu fornecedor da Ásia, que trabalhava comigo havia mais de dez anos.

Montamos um plano de contingência que deveria ser seguido passo a passo. Falava com fornecedores, encarava, explicava: "Não tenho dinheiro para lhe pagar, mas eu vou lhe pagar". Com um deles, que havia feito todo o financiamento das operações de importação de produtos para minha empresa, tive que negociar, pois, no momento que faria o pagamento do primeiro de seis lotes, fiquei sem dinheiro para honrar o compromisso. Lembro-me como foi esta conversa:

"Olha, tive um problema de descontrole de fluxo de caixa, vou lhe pagar, mas não tenho como agora. Mas olhe a minha declaração de Imposto de Renda, tenho patrimônio, casa. Olhe este apartamento em São Paulo, vale tanto."

Mas, do outro lado, o homem estava uma fera: "Não estou nem aí, Hélio. Você é picareta. Um bandido. Não quero saber. A primeira compra que você tem que me pagar, não paga. Venda o apartamento pela metade do valor e me pague!".

E eu dizia: "Não, eu tenho que lhe pagar e vou lhe pagar. Me dê uma chance".

E ele respondia, sempre muito bravo: "Eu vou falir sua empresa. Por causa de uma mixaria".

Neste momento, apesar de estar errado, usei minha habilidade de vendedor, com uma voz suave: "Não fale assim comigo, eu vou lhe pagar".

E ele: "Não acredito que você vai falar assim comigo. Faz assim, vou lhe apresentar um agiota para você trocar seus recebíveis".

Falei: "Legal, vou falar com ele agora".

E fiquei três meses negociando com o agiota. No fim, o Geraldo, que seguiu me aconselhando, disse para negociar com este fornecedor, oferecer três cheques a ele. Eu disse: "Três meses! Ele vai querer me matar se eu propor noventa dias para pagá-lo". Mas Geraldo disse: "Faça isso que estou lhe dizendo. Ele pega". Fiz os três cheques e, para minha surpresa, ele topou.

Depois de fazer a lista dos privilegiados que receberiam os pagamentos, fui aos bancos. Tínhamos uma boa relação com os bancos, mas se você for a uma instituição bancária não demonstre estar desesperado, pois senão eles não lhe fazem um empréstimo. Há um jeito certo de se negociar com banco. Mas foi um momento muito difícil, em que achei que ia quebrar. Tinha no meu fluxo de caixa 48 milhões de reais para receber, mas ia quebrar por 2 milhões. Quase quebrei.

Então hoje, o que eu faço? Estou sempre olhando para o meu fluxo de caixa. Seis meses para frente, um ano para frente. Eu estou sempre olhando. Opa, sentiu que não bateu, já toma providências. O que aprendi com esta crise: custo e despesa estão nas minhas mãos, eu decido se gasta ou não. Já venda depende do mercado. Às vezes está bom para vender, às vezes, não. Custo e despesa, não. Por isso, marcação cerrada em cima dos custos e das despesas. E não há nada de vergonhoso em dever imposto e dever para o banco. O que não pode fazer é sonegar, pois isso é crime!

Virei o jogo com meu time. Não fiz sozinho. Por isso eu gosto sempre de ter pessoas boas ao meu lado. Tenho um time, um grupo de pessoas que está comigo há muitos anos. Os fornecedores também me ajudaram. Problema você sempre vai ter. O que aprendi é que dinheiro é circunstancial — às vezes você tem, outras vezes não. O que não pode ser circunstancial é a qualidade do pensamento, a forma como você pensa, o seu sonho. Isso tem que ser grande. Você pode estar passando por problemas, não importa, você vai dar a volta por cima. Não há males que durem para sempre.

Por isso, se um dia você tiver algum problema como uma crise financeira, pode me chamar, pois fiquei expert em como sair de uma. Brincadeira!

O CAMINHO PARA O SUCESSO

Meu caro leitor e minha cara leitora, estamos na reta final da nossa jornada pelo universo das vendas, em que capacitação e técnica fazem toda a diferença. Antes de encerrar, porém, queria falar um pouco sobre o sucesso, algo que está além da superfície dos resultados. O que alguém deve considerar para saber se é verdadeiramente bem-sucedido? Ou como descobrir, ao menos, se você está no caminho certo?

Em minha opinião, o sucesso nada mais é do que um processo de melhoria contínua. Olhando para nossa vida, resumidamente seria você ser hoje melhor do que foi no passado, e amanhã ser melhor do que é hoje. Com isso em mente, você verá que o sucesso tem início no exato momento em que você decide: "Eu hei de

206 VOCÊ NASCEU PARA VENDER MUITO

vencer!". Nessa hora você é melhor do que no minuto anterior, portanto, já será uma pessoa bem-sucedida. Para mim, sucesso também é uma questão de atitude mental. Se você começar algo achando que pode fracassar, você já fracassou! Cristo disse: "Seja-te feito conforme creste!".

Muita gente me questiona como pode dar início às transformações necessárias para mudar de vida rumo ao seu desenvolvimento. O que costumo dizer diante disso é que as transformações só ocorrem quando você percebe os pontos que precisa mudar. E mais: você só muda se sentir necessidade. A partir daí, para que você mude é necessário um *esforço consciente* para a transformação.

Talvez, porém, você se questione sobre quais são os principais desafios de quem quer conquistar o verdadeiro sucesso. Além, claro, de querer saber como é possível enfrentar tais obstáculos e vencê-los. O que posso dizer diante de minha experiência e trajetória é que, para conquistar o sucesso, a nossa verdadeira batalha não está no mercado, e sim no *eu verdadeiro*.

Somente com isso bem claro é possível enfrentar os desafios, algo que começa com a atitude de ser muito sincero consigo mesmo. Para isso você deve identificar o que chamo de *feridas mortais*, ou, melhor dizendo, identificar seus cacoetes psicológicos, os fatores que corroboram para o seu fracasso. Para alguns são o medo, a tristeza, a insegurança, o pensamento negativo, a angústia, a preguiça etc. Enfim, cada um tem a sua ferida mortal.

E, acredite, existe um trajeto e algumas etapas para que cada pessoa consiga despertar o gigante que há nela. É preciso, no entanto, definir o seu ponto de partida, estabelecer um plano e definir com clareza onde você quer chegar.

Assim, o ponto de partida é identificar o seu *eu verdadeiro*, sendo muito honesto consigo mesmo. Identifique suas feridas mortais... Já o plano é a definição do que você vai fazer efetivamente para mudar. O ponto de chegada são os seus objetivos.

Gostaria de sugerir um conjunto de ações para os leitores tomarem ao terminar a leitura desta obra. São regras que considero de ouro para o vendedor de sucesso, e estamos falando de dicas práticas.

1. DEFINA SE VOCÊ DESEJA OU NÃO SE PROFISSIONALIZAR.
2. EMPENHE TODOS OS ESFORÇOS PARA ISSO.
3. SAIBA QUE O PROCESSO DE PROFISSIONALIZAÇÃO NÃO ACONTECE DO DIA PRA NOITE.
4. CRIE O HÁBITO DA LEITURA E DO ESTUDO.
5. COLOQUE EM PRÁTICA O QUE JULGA SER IMPORTANTE PARA O SEU CRESCIMENTO!
6. PRATIQUE ATÉ QUE TUDO AQUILO QUE VOCÊ ESTUDOU ESTEJA NO SEU PILOTO AUTOMÁTICO.
7. BUSQUE A AJUDA DE UM COACHING E/OU MENTORING. ESSA PESSOA DEVE SER ALGUÉM QUE VOCÊ JULGA POSSUIR AUTORIDADE MORAL E QUE VOCÊ RESPEITA E ADMIRA.
8. CONTINUE SEMPRE SEU APRENDIZADO, NUNCA PARE DE APRENDER E TREINAR.
9. DINHEIRO NÃO É TUDO NA VIDA. BUSQUE O EQUILÍBRIO DAS CINCO SAÚDES!
10. TRANSMITA TUDO O QUE VOCÊ APRENDEU A OUTRAS PESSOAS E O UNIVERSO LHE DEVOLVERÁ MUITAS VEZES MAIS.

Com estas palavras, agradeço muito a sua companhia e a confiança no meu trabalho e experiência. Foi uma enorme satisfação compartilhar com cada um de vocês, por meio das páginas deste livro, tanto minhas memórias pessoais e profissionais, quanto as lições que acumulei, frutos de muito suor, trabalho, estudo incessante, leitura, troca de experiências com grandes líderes, algumas quedas e muitas conquistas.

Que esta obra marque uma nova etapa em seu caminho. Seja você um jovem feirante, um vendedor em qualquer etapa da carreira ou um líder de equipe, que o seu amanhã seja um degrau acima do seu hoje, assim como o agora já é maior que o seu ontem.

Um forte abraço.

Este livro foi impresso
pela gráfica Assahi
em papel norbrite 66,6
g/m² em abril de 2019.